A Árvore Mandarim

Pamela Chen
Samantha Blossom

A Árvore Mandarim

Aprenda a sabedoria ancestral da magia asiática para manifestar riqueza, sorte e prosperidade

NOVA SENDA

A ÁRVORE MANDARIM
The Mandarin Tree: Manifest Joy, Luck, and Magic with Two Asian American Mystics.

Tradução: Renan Papale
Revisão: Papale's Editorial
Diagramação: Décio Lopes
Layout da capa por Shannon McKuhen
Ilustrações dos capítulos e ilustrações das páginas 174-179: Wen Hsu
Símbolos chineses e ilustrações das páginas 195 e 198: departamento de arte Llewellyn

DADOS INTERNACIONAIS DE CATALOGAÇÃO NA PUBLICAÇÃO (CIP)
Angélica Ilacqua CRB-8/7057

Chen, Pamela | Blossom, Samantha

A Árvore Mandarim: aprenda a sabedoria ancestral da magia asiática para manifestar riqueza, sorte e prosperidade / Pamela Chen, Samantha Blossom; Tradução de Renan Papale. São Paulo: Editora Nova Senda, 2024. 1ª edição. 240 páginas: il.

ISBN 978-65-87720-32-6

Título original: *The Mandarin Tree: Manifest Joy, Luck, and Magic with Two Asian American Mystics*

1. Magia 2. Sorte 3. Prosperidade I. Título II. Blossom, Samantha III. Papale, Renan

24-3937 CDD 133.43

Índices para catálogo sistemático:
1. Magia

EDITORA NOVA SENDA
Rua Jaboticabal, 698 – Vila Bertioga – São Paulo/SP
CEP 03188-001 | Tel. 11 2609-5787
contato@novasenda.com.br | www.novasenda.com.br

Sobre as Autoras e a Ilustradora

Sobre as Autoras

Pamela Chen

É autora de *Enchanted Crystal Magic* e criadora *de Witchling Academy Tarot* e *Tarô das Corujas*. Ela trabalha como coach de negócios, prosperidade e manifestação de dinheiro. Pamela ajuda criativos e visionários de alto desempenho a acessar potenciais e oportunidades do campo quântico e dos registros akáshicos, expandindo sua consciência energética para infinitas possibilidades e magia real. Quando não está escrevendo ou treinando, ela adora se aconchegar com suas galinhas, assistir a dramas coreanos e comer Cheetos picantes com abacate. Você pode acompanhar suas aventuras mágicas no Instagram @pamelaunicorn.

Samantha Blossom

É mentora de manifestação e oráculo da opulência, ativando empresários, empreendedores e visionários para criar uma vida mais feliz e um universo mais próspero. Sua missão é ensinar as pessoas a criarem uma vida e um negócio que estejam alinhados com a expressão de sua alma. Ela está no ensino de milagres quânticos desde 2008. Samantha usa uma combinação única de Medicina Tradicional Chinesa, Reiki, Linguagem Corporal, Técnicas de Liberdade Emocional, Accunect, psicologia positiva, Terapia Bowen ISBT, Partícula Quântica, hipnose e várias outras modalidades de cura para ajudar seus clientes a alcançar o sucesso na velocidade da luz. Em seu tempo livre, ela adora viajar e visitar curandeiros de todo o mundo. Você pode entrar em sintonia com seu mundo mágico no Instagram @samanthaloveblossom ou visitar seu site www.SamanthaBlossom.com.

Sobre a Ilustradora

Wen Hsu é uma ilustradora taiwanesa e costarriquenha com muitos interesses e estilos, incluindo aquarela, caneta e tinta, recortes de papel e digital. Ela se inspira em sua herança cultural asiática e mesoamericana, bem como em uma ampla gama de mitologias mundiais pelas quais se apaixonou desde criança. Wen foi premiada com o 16º Noma Concours Grand Prix pela UNESCO/ACCU em Tóquio, Japão, bem como com uma menção honrosa no BIBIANA 2013 (Bratislava, Eslováquia), entre outros reconhecimentos internacionais. Seu trabalho foi publicado na América Central, Argentina, Índia, Coreia do Sul, China, França, Espanha e Estados Unidos.

Dedicatória

Meu muito obrigada a Elysia Gallo e à família Llewellyn por nos permitir compartilhar a magia de nossas linhagens. Um grande abraço para minha irmã quântica, Sam, por colaborar comigo neste projeto e dedicá-lo às Divindades, aos ancestrais e aos guias que nos ajudaram a escrever este livro.

– Pamela

Dedico este livro à minha mãe e à minha avó por terem passado seus tesouros de sabedoria e histórias para mim. Amo vocês duas. Também sou grata à Pamela, por ter acreditado na criação deste livro. E agradeço imensamente a todos os seres humanos mágicos e corajosos do Planeta que estão prontos para assumir mais poder e magia.

– Samantha

Sumário

Prefácio

IMIGRANTES DA ÁSIA TROUXERAM SUA MAGIA POPULAR DO VELHO Mundo para as Américas. O primeiro Templo budista-taoista foi construído em São Francisco, em 1853, dedicado a Guandi, o Deus da lealdade, da fraternidade e das artes marciais, oferecendo a proteção divina de que esses imigrantes precisavam para se defender dos perigos do Novo Mundo. Um altar de ancestrais com Kuan Yin como patrona divina é comum em muitos lares asiáticos. Nos enclaves de Chinatown, até hoje, os médiuns espíritas, os acupunturistas e a Medicina Tradicional Chinesa continuam sendo as abordagens curativas confiáveis para a saúde. A leitura da sorte com varas de adivinhação, blocos lunares e Astrologia Ba-Zi são tradições anuais para prever o ano que se inicia. O Feng Shui deve ser levado em conta na compra de casas, na decoração de interiores e nos sepultamentos. Assim começa a primeira introdução da magia e do misticismo asiáticos nas Américas.

Os filhos desses imigrantes reconciliaram a magia popular do Velho Mundo com os dias atuais. Agora, uma nova geração de asiático-americanos, como Pamela e Samantha, está conduzindo uma prática sincretizada que integra artefatos culturais de nossa herança ancestral com a eclética espiritualidade Pagã e da Nova Era. *A Árvore Mandarim* é uma tese transformadora dessa experiência espiritual taiwanesa-americana contemporânea, que se concentra na conquista do sucesso e do bem-estar pessoal.

Seja durante o Ano Novo Lunar, seja na Lua da Colheita do Meio do Outono, presentear com tangerinas mandarins (*mandarin orange*[1]) é um voto de bênçãos para a prosperidade e a boa fortuna. Se o pessegueiro do misticismo taoista é o *Axis Mundi* - o pilar do mundo - que carrega o fruto da imortalidade, então a Árvore Mandarim é uma árvore do paraíso, carregando o fruto da felicidade e do contentamento. Neste guia prático e inovador sobre a magia asiático-americana, Pamela e Samantha compartilham práticas rituais que convidam você a cruzar o limiar e iniciar uma jornada de prosperidade perpétua e sustentável. Essa jornada é marcada por uma visão da Árvore Mandarim.

No Feng Shui, o plantio de uma Árvore Mandarim nos limites sudeste ou leste de sua casa trará prosperidade financeira durante todo o ano. Plantada no nordeste, o domínio das artes especializadas e a excelência acadêmica florescerão. As árvores de dinheiro ornamentais domésticas funcionam como uma forma de magia simpática, em que sua semelhança com uma Árvore Mandarim ativa uma correspondência com a generosidade perene sempre crescente.

O Princípio das Correspondências é fundamental para as tradições populares asiáticas. Esse Princípio é a corrente subjacente que Pamela e Samantha compartilham. A magia das palavras significa que homônimos são pontos de conexão poderosos e, assim, segundo as tradições do Velho Mundo, comer peixe (魚 *yú*) assegura bênçãos de abundância e plenitude. A tangerina mandarim (桔 *jú*) pode magicamente manifestar boa sorte (吉 *jí*), que significa ser uma pessoa auspiciosa e sortuda.

Tanto a tangerina mandarim quanto a palavra para amplificar a alegria e a sorte compartilham as mesmas raízes radicais '口' (*kŏu*, significando "portal" ou "entrada") e '士' (*shì*, representando alguém com conhecimento especializado e habilidades), fortalecendo ainda mais o vínculo magnético entre os dois. Curiosamente, o portal e o especialista são emblemáticos do que a Árvore Mandarim representa.

---

1. *Mandarin orange* (nome científico: *citrus reticulata*), também conhecida por tangerina mandarim, mini tangerina, mexerica, bergamota ou mandarina. É uma tangerina bem pequena, seu nome em chinês é *júzi* (橘子). (N. E.)

Da mesma forma, os códigos de ativação sagrados que este livro ensina têm como premissa a magia tradicional das palavras e suas ligações magnéticas com as intenções.

Este livro também apresenta a filosofia básica dos Cinco Elementos *Wu Xing* que qualquer pessoa pode integrar à criação de feitiços modernos. Madeira, Fogo, Terra, Metal e Água governam as influências astrológicas dos cinco planetas. Por sua vez, Júpiter, Marte, Saturno, Vênus e Mercúrio correspondem aos cinco pontos que formam a quadratura do círculo, conectando a Terra (o quadrado) e o Céu (o círculo). Esses cinco pontos que formam a quadratura do círculo – Leste, Sul, Centro, Oeste e Norte – podem ser controlados pelos cinco dedos na palma da mão do místico, que, por sua vez, revelam tudo o que há para saber sobre os cinco estágios da vida humana: nascimento, infância, adolescência, idade adulta e morte.

O que eu adoro em *A Árvore Mandarim* é sua abordagem profundamente pessoal para mesclar práticas metafísicas populares do Ocidente com práticas metafísicas populares do Oriente, e como ela aumenta as tradições culturais herdadas com movimentos espirituais recém-descobertos. O livro é total e verdadeiramente "asiático-americano" nas formas como hifeniza diferentes modalidades de magia, como a utilização de cartas de Tarô para invocar Kuan Yin e o Buda Risonho, ou o trabalho com cristais e pedras preciosas como curas de Feng Shui.

Pamela e eu nos conectamos pela primeira vez em 2018, quando ela lançou o *Crystal Unicorn Tarot* (*Tarô do Unicórnio de Cristal)* e, mais tarde, por meio do *Witchling Academy Tarot* (*Tarô da Academia de Bruxas*) e o *Tarot of the Owls* (*Tarô das Corujas*). Fazíamos parte dos mesmos círculos sociais e logo tivemos a chance de nos conhecer. Ela é tão vibrante e animada pessoalmente quanto se poderia imaginar, brilhante e gentil. Impossível saber o quanto ela teve que "suportar de amargura", ou *chi ku* 吃苦, como diríamos em mandarim. O espírito indomável de Pamela a manteve como uma sonhadora, independentemente das duras realidades que enfrentou. A verdadeira força e a resiliência são mais evidentes naqueles que não deixam que a adversidade destrua sua compaixão.

Samantha e eu compartilhamos uma história familiar semelhante, descendendo de curandeiros e médiuns espirituais de vilarejos no Sul de Taiwan. Nossos avós e bisavós abordavam a medicina de uma forma que era parte cura pela fé xamanística e parte conhecimento popular de ervas. Samantha herdou essa missão de vida de curar, carregando o conhecimento intuitivo de que, em sua raiz, a doença começa como uma ruptura no espírito, portanto, a cura energética é muitas vezes a principal linha de defesa. Ela é uma espiritualista cuja abordagem holística se baseia na acupuntura, na Medicina Tradicional Chinesa (MTC), no *qigong*[2], na hipnoterapia e no Reiki, com base em sua formação em bioquímica. Samantha agora facilita jornadas espirituais transformadoras, unindo as formas antigas com as novas, aumentando, assim, a teoria da MTC com proposições do século 21 sobre magia quântica.

Sem mais delongas, vamos atravessar o portal da prosperidade da Árvore Mandarim. Além do limiar, vamos nos conectar com arquétipos míticos, como o espírito do Tigre, o mensageiro animal da Rainha Mãe do Oeste, uma Deusa primordial venerada por místicos e curandeiros, frequentemente canalizada pelo *dang gi*, tal como o bisavô de Samantha. Trabalhe com o espírito do Dragão para trazer bênçãos de grande poder, prestígio e talento realizado. O Sapo da Sorte de três pernas, *Jin Chan*, é um dos meus favoritos para atrair um fluxo constante de renda e garantir que meus empreendimentos sejam sempre lucrativos. Que as abordagens únicas e profundamente pessoais de Pamela e Samantha à magia asiático-americana inspirem seu próprio caminho multicultural extraordinário para o despertar.

— Benebell Wen

Autora de *The Tao Of Craft E I Ching, The Oracle*

---

2 *Qigong* (pronuncia-se *chi gong*) é uma prática antiga chinesa que envolve movimentos corporais suaves, exercícios de respiração e concentração mental. O termo *qi* (ou *chi*) refere-se à "energia vital" ou "força vital", enquanto *gong* significa "trabalho" ou "prática". Portanto, *Qigong* pode ser traduzido como "trabalho da energia vital" ou "cultivo da energia vital". (N. T.)

Prólogo

O Portal da Prosperidade da Árvore Mandarim

As tangerinas mandarins são um símbolo tradicional de sorte, prosperidade e abundância em algumas culturas asiáticas. Importante símbolo do Ano Novo Chinês, dizem que elas trazem felicidade e boa sorte para nossa vida. É dito também que a cor dessa fruta auspiciosa simboliza o ouro. Ao abrir este livro, talvez você esteja procurando um pouco mais de alegria, sorte e magia em sua vida. Bem, você está no lugar certo. Antes de prosseguir com a leitura, gostaríamos de ajudar você a acessar o Portal da Prosperidade da Árvore Mandarim para que possa começar a entrar em contato com sua frequência de alta vibração e boa sorte. Apenas relaxe, siga o exercício a seguir e entre na magia da abundância agora mesmo.

Comece ficando de pé. Concentre-se em enraizar-se no chão. Imagine seus pés se transformando nas raízes de uma árvore mandarim. Sinta suas raízes se aprofundarem profundamente na terra. O tronco poderoso e robusto flui pelo seu corpo. Abra seus braços e dedos; eles são os galhos e as folhas de sua árvore. Balance-se ao ritmo de sua música interior de abundância enquanto imagina pequenas tangerinas mandarins crescendo em seus galhos. À medida que seu coração se abre, você sente que tudo é possível e que a boa sorte percorre todo o seu corpo. Sinta como é bom ser essa árvore de tangerinas mandarins, acolhendo toda a prosperidade e as belas experiências que estão crescendo em sua vida.

Quando sentir que é o momento, traga a consciência de volta para o ambiente atual. Parabéns, você desbloqueou a Magia da Árvore Mandarim Interior, entrou no portal da prosperidade e agora pode seguir confiante para o restante deste livro.

Seja bem-vindo(a).

Introdução

A magia do Oriente influenciou a cultura asiática por milênios e agora está sendo vista e ouvida em todo o mundo. Muitas modalidades modernas de cura e práticas mágicas incluem energias e rituais originados nas antigas artes asiáticas, como a Acupuntura, o Reiki e o Feng Shui. Nossa missão é difundir essas práticas e encantamentos sagrados, pois acreditamos que todos que se envolverem com nossa cultura mágica asiática se beneficiarão muito de tudo o que ela tem a oferecer.

A título de informação, não é preciso ser asiático para se beneficiar deste livro. Não importa se você é descendente de asiáticos nesta vida ou não – essa magia, como toda magia, é universal. Se você acredita, como nós acreditamos, que somos todos uma única energia, então qualquer pessoa pode ter acesso à magia asiática, assim como a outros tipos de magia. É claro que é importante sempre tratar as práticas com respeito e integridade.

O que compartilhamos neste livro não é a típica magia popular asiático-americana. Somos místicas modernas e, neste livro, compartilharemos transmissões exclusivas e downloads de conhecimentos que recebemos de nossos guias. Estamos entusiasmadas em apresentar a você esse reino repleto de Divindades Míticas, Ancestrais Dourados e Animais Poderosos e Guardiões.

Trabalhar com a magia divina neste livro lhe mostrará como criar uma vida cercada pelo que você mais deseja. As práticas mágicas que compartilharemos são uma mistura de nossas culturas asiático-americanas; embora ainda tenhamos conexões com nossa magia tradicional taiwanesa e chinesa, cada uma de nós expandiu sua prática pessoal e incorporamos muitas maneiras modernas de trabalhar com essas energias antigas. Nossas experiências de vida são influenciadas tanto pelo Oriente quanto pelo Ocidente, e nossa magia foi alquimizada em algo que nos apoiou no momento atual. Em *A Árvore Mandarim*, você mergulhará em encantamentos que remontam à nossa infância, bem como nas lições mágicas que aprendemos e incorporamos em nossas próprias vidas. Antes de compartilharmos essa magia, queremos discutir nossas experiências de vida que foram a inspiração por trás deste livro épico.

Duas Místicas Asiático-americanas

Samantha cresceu em uma pequena cidade perto de Portland, Oregon, chamada Vancouver, Washington, e desde que era bebê passava os verões em Taipei, Taiwan. Viver em dois países abriu sua mente para várias maneiras de viver e perspectivas de vida. Desde muito jovem, ela esteve cercada por monges budistas, sábios, famosos praticantes da Medicina Chinesa e curandeiros xamânicos que ajudaram a moldar sua consciência de que curas milagrosas e espontâneas eram a norma. Enquanto estava em Taiwan, ela sempre se encontrava em jantares elegantes nos quais eram servidas elaboradas exibições de tangerinas mandarim e se perguntava se havia algum significado mágico secreto nessa tradição.

Mais tarde, Samantha se mudou para a Califórnia e estudou bioquímica na Whittier College, onde também fez todos os seus estudos preparatórios para medicina. Depois da faculdade, mudou-se para Xangai, na China, onde estudou Medicina Tradicional Chinesa. Devido a algumas pressões de viver em um país estrangeiro e estar tão longe dos amigos e da família, Samantha desenvolveu uma forma grave de bronquite e tossiu sangue por mais de três meses. Na esperança de se curar, ela procurou vários acupunturistas, fitoterapeutas e médicos ocidentais. Foi só quando encontrou a medicina energética e a cura quântica que seus sintomas diminuíram da noite para o dia e ela conseguiu respirar e dormir profundamente novamente. Depois que seu corpo se curou milagrosamente por meio do trabalho energético, ela decidiu que precisava estudar medicina energética com o maior número de professores que pudesse encontrar. Passou a estudar com professores do Japão, Cingapura, Reino Unido, Irlanda, Hong Kong, Taiwan e várias partes dos Estados Unidos. Em seus momentos mais sombrios, nasceu sua conexão com a magia.

PAMELA nasceu em Taiwan e mudou-se para o Havaí quando tinha cerca de cinco anos de idade. O Havaí é um lugar mágico para se viver, e Pamela adorou crescer na ilha de Oahu. Na primeira casa em que morou, havia uma Árvore Mandarim da qual ela comia o tempo todo. Ela se lembra de um mestre de Feng Shui que passou por lá e disse que essa árvore traria boa sorte para a casa.

Aos dezesseis anos, Pamela se mudou e lutou contra a pobreza e a falta de alinhamento com seu propósito durante a maior parte da adolescência. A melhor decisão que ela tomou foi mudar-se para Las Vegas, Nevada, aos vinte anos de idade. Foi nessa época que ela foi guiada até seu primeiro mentor psíquico e professor de Reiki. Desde então, certificou-se em muitas modalidades de cura, ferramentas de manifestação, magia do dinheiro, treinamento on-line e muito mais. Depois de anos praticando magia – a mesma magia que estamos compartilhando com você neste livro – Pamela conseguiu largar seus quatro empregos, criar um negócio on-line de seis dígitos e assinar nove contratos de publicação com empresas de sucesso. Tudo isso foi realizado por alguém que não frequentou a faculdade e para quem o inglês é um segundo idioma. Pamela está empenhada em viver uma vida extraordinária e compartilhar essa mesma magia com outras pessoas.

A maneira como Samantha e Pamela foram apresentadas uma à outra também foi muito mágica. Na época, Pamela estava procurando uma *coach* de dinheiro para um programa de *mastermind* que ela estava organizando, e um amigo de um amigo sugeriu Samantha. Quando Pamela deu uma olhada em sua página no Instagram, percebeu imediatamente que Samantha era alguém com quem ela queria colaborar ou, pelo menos, conhecer como amiga. Felizmente, Samantha aceitou e teve início uma bela amizade e uma relação de trabalho.

Sempre que Pamela e Samantha trocavam mensagens, as duas ficavam de ótimo humor e descobriram que podiam conversar facilmente. Elas começaram a conversar profundamente sobre magia e descobriram que ambas estavam estudando as frequências místicas da riqueza, da abundância e da magia. Não apenas isso, elas tinham muitas práticas energéticas em comum.

Samantha e Pamela também se uniram devido às suas culturas e origens semelhantes. Mal sabiam elas que, enquanto a jovem Samantha estava em Taiwan perguntando à mãe por que sempre comiam tangerinas mandarins depois de cada jantar, a pequena Pamela estava colhendo tangerinas mandarins da árvore do lado de fora de sua casa, a milhares de quilômetros de distância. Agora, Samantha é a *Jie Jie* de Pamela, que significa irmã mais velha, embora não muito. Esse é considerado um título de respeito na cultura chinesa. Pamela é *Mei Mei*, que significa irmã mais nova.

Durante um ano inteiro, Samantha e Pamela se comprometeram a fazer sua magia juntas e começaram a manifestar ainda mais oportunidades e milagres em suas vidas. Em um dia aleatório, elas começaram a falar sobre como a magia que estavam praticando – que se baseava em muitas das divindades e práticas asiáticas com as quais ambas estavam familiarizadas – deveria ser um programa ou até mesmo um livro. Pamela, que tende a tomar decisões e agir rapidamente, ficou tão empolgada e acreditou tanto nessa ideia que criou um mapa do livro inteiro em um dia. Em alguns meses, a proposta do livro foi enviada e *A Árvore Mandarim* nasceu!

Um Mapa para *A Árvore Mandarim*

Esperamos que este livro capacite você a explorar sua própria magia e os muitos mistérios da magia asiático-americana moderna. As práticas deste livro são fundamentalmente as mesmas que usamos em nossa própria vida para cultivar a boa sorte e o sucesso, bem como para enfrentar os desafios diários da vida. Nosso maior desejo é trazer ainda mais alegria, sorte e magia para sua vida cotidiana por meio dessas práticas simples e intencionais inspiradas na cultura asiática.

Se você está percebendo que este livro se concentra muito em dinheiro, riqueza e boa sorte, é porque nossa cultura acredita que essa é a parte mais importante da nossa vida. Se pudermos criar uma vida de abundância, especialmente riqueza geracional, então nossas famílias serão bem cuidadas. É ainda mais importante manifestar e orar por abundância do que orar por relacionamentos amorosos, já que uma pessoa próspera tem mais chances de atrair um bom relacionamento. Como essa é a crença de nossa cultura, ela está profundamente enraizada em nossas práticas mágicas. No entanto, este livro não trata apenas de manifestar mais dinheiro: as filosofias de *A Árvore Mandarim* tratam da riqueza em todas as áreas da vida.

A magia da riqueza vive dentro de você – sempre viveu. Quando se aprende a explorar a sabedoria encantada e a moderna magia da prosperidade asiático-americana, uma consciência intuitiva adicional desperta e se desenvolve dentro do seu ser. Como uma rosa que sempre floresce, quanto mais profundamente mergulhar nessas ferramentas misteriosas, mais a sua própria magia se revelará. Ao explorar os diferentes capítulos deste livro e os arquétipos e personagens lúdicos que serão apresentados, você ativará, despertará e dará vida à energia que já reside em seu interior. Trazer essa sabedoria antiga para sua vida moderna resultará em sucesso espiritual, abundância e talvez até alguns milagres.

Este livro está dividido em quatro partes. Na Parte 1, preparamos você para o início de sua jornada mágica. As ferramentas místicas que serão utilizadas ao longo do livro serão apresentadas a você, e esta seção ensinará como implementá-las com sucesso e aproveitá-las ao máximo. Nos capítulos seguintes, você encontrará sugestões sobre a melhor forma de trabalhar com altares e realizar meditações.

Nas Partes 2 e 3, apresentaremos sete arquétipos extraordinários, incluindo Divindades e Animais Guardiões, que podem ajudar você a explorar seu potencial ilimitado. Embora existam muitos guias com os quais se pode trabalhar no Oriente, fomos conduzidas a escolher esses sete arquétipos; fizemos uma cerimônia de pedido, na qual convidamos os mestres divinos que gostariam de fazer parte do nosso livro a aparecer, e canalizamos suas mensagens e ensinamentos para esta obra. Os guias que fazem parte de cada capítulo compartilham comandos poderosos que podem ser ativados para cura e manifestação.

Os sete arquétipos que conhecerá e com os quais poderá se conectar incluem o Tigre, a Fênix, o Dragão, o Sapo da Sorte, os Ancestrais Dourados, Kuan Yin e o Buda Risonho. Se você já trabalha com magia asiática ou a entende, normalmente pensaria que depois do Tigre, da Fênix e do Dragão viria a Tartaruga, porque essas são as Quatro Divindades Direcionais, mas esse não foi o caso aqui – o *Money Frog* (Sapo da Sorte ou Sapo da Fortuna) entrou diretamente em nossas visões e quis compartilhar sua sabedoria com você. É importante conectar-se com os Animais Guardiões em nossa cultura, porque muitas tribos xamânicas do Norte da Ásia acreditam que cada cultura descende de diferentes animais, e conectar-se a eles é como acessar grandes poderes de origem.[3]

Esses guias oferecerão segredos divinos para ajudar você a trazer mais amor, felicidade, abundância e beleza para sua vida, transformando-a como uma lótus desdobrando suas pétalas. Você atenderá ao chamado para sentar-se com seus guias pelo tempo que desejar e pedir as bênçãos que eles adoram nos dar. Com a ajuda deles, irá se tornar mais consciente de sua própria magia e poder internos.

---

3. Shi, *Spirit Voices*, cap. 2.

Na Parte 4, apresentaremos uma variedade de modalidades e exercícios mágicos asiáticos que ambas experimentamos, incluindo práticas de origem chinesa, taiwanesa e japonesa. Escolhemos modalidades bem conhecidas nas práticas mágicas orientais, abrangendo a introdução dos cinco elementos, o Zodíaco Lunissolar e o Feng Shui de Cristal. Incluímos também algumas práticas de Cingapura e dos Estados Unidos.

A Parte 4 também se concentra na expansão para fora de si mesmo, e você aprenderá a elevar as energias ao seu redor, incluindo seu círculo interno, sua comunidade e o Planeta. Um convite à transformação e à liberação de crenças e padrões limitantes, que podem ter sido difícil de se libertar no passado, apresenta-se agora a você. As joias de sabedoria deste livro abrirão portas para novas percepções e poderosos fluxos de energia. Capítulo a capítulo, você embarcará em uma jornada única à medida que refletir, envolver-se e explorar. Como parte dessa jornada misticamente guiada, você também aprenderá a criar um altar para cada arquétipo específico, conhecerá seus guias pessoais, ativará seus Códigos Sagrados com comandos e afirmações e criará um ritual para as energias de cada capítulo.

Ao longo deste livro, você receberá instruções sobre como trabalhar com a magia asiático-americana para obter sucesso, receber respostas a perguntas importantes e criar um ambiente físico que flua com a energia do Universo para chamar suas intenções. No final, será capaz de usar a magia antiga de uma forma modernizada, criar sua própria revolução exclusiva e viver a vida dos seus sonhos.

É importante observar que o que compartilhamos não é a única maneira de trabalhar com essa magia. As práticas deste livro fazem parte da cultura asiática há séculos. Compartilhamos os sistemas e processos que fomos chamados a transmitir, bem como outros que utilizamos e experimentamos em nossas próprias vidas e que nos apoiaram em nossas jornadas. *A Árvore Mandarim* não é uma magia popular asiática puramente tradicional nem uma representação de toda a magia asiático-americana. Em vez disso, este livro é como nós:

uma bela mistura da cultura asiática e de outras práticas e crenças que adotamos ao longo do caminho.

O mais importante é que realmente queremos que se divirta trabalhando com os guias encantados, arquétipos e divindades apresentados aqui e esperamos que, por meio da orientação que fornecemos, você desenvolva sua prática mágica. Também queremos que saiba que não existe uma maneira certa ou errada de trabalhar com magia; o que melhor ressoar para você é divinamente perfeito. Permita-se a liberdade de descobrir sua magia individual – ela transformará sua vida!

Agora, vamos nos conectar com nossa magia interior e começar a explorar as energias deste livro. Tudo o que você deseja já é seu – é hora de reivindicar isso.

Às infinitas possibilidades!

Samantha + Pamela XO

Parte 1

Preparando-se para sua Jornada Mágica

Capítulo Um

Seu Guia para o Sucesso Mágico

Tudo é difícil no começo.

– Provérbio Chinês

SEJA VOCÊ UM PRATICANTE INICIANTE OU EXPERIENTE DO MISTICISMO, é recomendável dar uma olhada neste capítulo e no próximo antes de iniciar sua jornada. Esta seção apresentará e fornecerá uma compreensão das muitas ferramentas e processos mágicos que integramos a este livro para aprimorar sua experiência.

Todas as meditações, o trabalho no altar, as práticas de ativação e os lembretes de diário que integramos em cada capítulo foram canalizados por nós duas com o objetivo de criar uma experiência poderosa e transformadora para você. Incorporamos uma bela combinação de práticas tradicionais e modalidades modernas. Nossa esperança é que você leia o que oferecemos, pegue o que mais lhe agrada e, em seguida, acrescente seu próprio toque de magia a essas práticas. A magia está sempre mudando, e cada um tem sua própria maneira de se conectar com suas práticas. O que compartilhamos em *A Árvore Mandarim* deve ser usado como um guia; não como a única maneira de trabalhar com divindades ou arquétipos mágicos. O mais importante é confiar em sua própria intuição. Permita-se acrescentar – ou retirar – qualquer coisa que não mantenha você no fluxo mágico.

Em cada capítulo, há muitas ações que poderá realizar para ativar a conexão com seus guias. Se você for tão entusiasta como nós, poderá realizar todas as atividades e ações sugeridas. Entretanto, se as opções parecerem um pouco exageradas, faça apenas uma ou duas das coisas que compartilhamos em cada capítulo.

Ferramentas para Elevar sua Consciência

Ao longo do livro, compartilharemos vários métodos diferentes para apoiar sua conexão com sua magia. Vamos orientar você sobre algumas das ferramentas que recomendamos.

Altar

Uma das práticas mais poderosas que você pode incorporar é ter um altar. Um espaço sagrado que acumula mais e mais poder cada vez que você o usa para orar ou realizar magia. O altar também é um espaço central para que possa se concentrar em sua intenção. Para os fins deste livro, o altar permite que você se conecte com seus guias mágicos em um nível ainda mais profundo. É um local físico onde seus guias residem, portanto, sua conexão será mais forte e as mensagens que receber serão mais claras.

Seu altar pode ser tão simples ou elaborado quanto quiser. A maioria dos nossos altares é criada em uma superfície plana, como uma mesa, uma prateleira ou uma estante de livros. Lembre-se de que deve ser um espaço que ilumine e traga você de volta ao seu eu interior e às suas conexões espirituais. Decore-o com itens que promovam uma sensação de calma e inspiração. Você pode usar cristais, velas, incensos, estátuas, itens pessoais que reflitam a energia que está invocando, qualquer coisa que encontre na natureza e tudo o que sua intuição orientar a colocar em seu altar. Dito isso, em cada um dos capítulos, canalizamos ferramentas mágicas e símbolos que podem ser incluídos em seu altar e que coincidem com cada guia. Talvez você queira incluir alguns deles, ou não. Use sua intuição para escolher os melhores itens para seu altar. Confie em seu instinto.

Limpeza do altar

Antes de montar o altar, você deve "limpar" o espaço. Fazemos isso para afastar quaisquer energias estagnadas que possam estar bloqueando a nós ou o nosso trabalho mágico. Há algumas maneiras fáceis de limpar o espaço do seu altar.

A limpeza física pode ser feita simplesmente limpando o altar, tanto a superfície quanto os itens decorativos. Se quiser adicionar uma etapa extra de limpeza energética, pode limpar as ferramentas e o espaço com Água da Flórida, que poderá ser adquirida on-line ou em uma loja esotérica local. Algumas pessoas usam sprays de óleo essencial para limpar a área; você pode comprá-los ou fazer o seu próprio em casa. A fumaça de um bastão defumador é uma forma adicional de limpar o espaço ao redor do altar. Acenda um maço de ervas e sopre a fumaça com as mãos para mover para fora da área as energias que não estão apoiando seu propósito. Nossas ervas favoritas são o alecrim e a lavanda, porque essas duas ervas promovem vibrações positivas e repelem a energia negativa. Você pode secar as ervas para fazer suas próprias varinhas ou comprá-las prontas em lojas esotéricas.

Se você trabalha com cura ou conhece uma modalidade energética como o Reiki, também pode carregar o espaço do seu altar com essa bela energia. Simplesmente imagine uma luz saindo do seu coração e envolvendo o espaço (ou o item que gostaria de abençoar). Veja a luz liberando todas as energias negativas.

Há muitas maneiras de limpar o espaço de seu altar. Se sentir que deve experimentar métodos diferentes, cada capítulo tem orientações específicas sobre como limpar o altar na seção de rituais.

Desmontagem de um altar

Quando terminar de trabalhar com um guia ou divindade específica e sentir que é o momento de desmontar o altar, primeiro agradeça ao guia ou divindade por estar nesse espaço com você. Para fazer isso, fique em frente ao altar com as mãos juntas, em posição de oração, e mantenha-as em seu coração. Em voz alta, agradeça ao guia ou à divindade por ter apoiado você em sua jornada mágica.

Depois de agradecer, comece a desmontar o altar. Quando se trata de ferramentas mágicas que podem ser usadas repetidamente, como cristais, castiçais e outros itens, você pode usar a fumaça de um bastão defumador para limpá-los ou enxaguá-los com Água da Flórida. (Para itens como cartas de Tarô, a limpeza com fumaça seria melhor.) Se tiver itens que possam ser descartados, como alimentos ou flores, eles devem ser eliminados com segurança. Gostamos de descartar as flores colocando-as do lado de fora para devolver a magia à terra, mas elas também podem ser jogadas na caixa de compostagem ou na lata de lixo.

Depois que um altar for desmontado, você poderá criar imediatamente o próximo altar, se assim desejar. Quando tiver um altar ativado, a melhor prática é limpar o espaço diariamente, semanalmente ou sempre que sua intuição orientar. Lembre-se de que esse é um espaço sagrado para você e seus guias, portanto, demonstre respeito mantendo-o arrumado e limpo.

Tarô

Uma das ferramentas mágicas que utilizamos em nossos altares é o Tarô, um sistema de setenta e oito cartas que podem ser usadas para desenvolvimento pessoal ou espiritual, previsões intuitivas, trabalho mágico e muito mais. Por si só, o Tarô é um portal poderoso para as energias que você deseja invocar. Quando combinado com a magia do trabalho no altar, ele é ainda mais amplificado.

Cada baralho de Tarô é composto de cartas de arcanos maiores, arcanos menores e cartas da corte. Há vinte e duas cartas dos arcanos maiores. Se a sua vida fosse um drama asiático e você fosse o personagem principal, essas cartas seriam o elenco de personagens principais e coadjuvantes, ou os principais pontos da trama do seu programa. Nos arcanos menores, há quatro naipes ou casas, que são Paus, Copas, Espadas e Ouros. Em um drama asiático, elas representariam os eventos menores que acontecem na vida, como rotinas diárias, dirigir para o trabalho, sair com os amigos ou cortar o cabelo. As dezesseis cartas da corte, quatro para cada naipe, ilustram a evolução. As cartas da corte evoluem de Valete para Cavaleiro, Rainha e Rei. Essas cartas representam diferentes estágios de sua experiência ou as diferentes personalidades suas e das pessoas ao seu redor. Seriam eventos maiores em um drama asiático, como descobrir que tem uma irmã há muito perdida, conhecer os pais pela primeira vez ou ouvir o filho de um CEO declarar seu amor por você.

Na seção do Altar de cada capítulo, compartilhamos cartas de Tarô específicas que se correlacionam com aquele guia em particular. Você pode tirar a carta selecionada do seu baralho e colocá-la no altar para ampliar sua energia ou ajudar a chamar o guia com o qual está trabalhando. Neste livro, estamos usando apenas cartas dos arcanos maiores em nossos altares, porque estamos nos concentrando em criar grandes mudanças em nossas vidas trabalhando com esses arquétipos poderosos.

Cristais

Os cristais são outra ferramenta mágica com a qual gostamos de trabalhar. Essas belas pedras são naturalmente sintonizadas com a energia e podem nos ajudar a curar, mudar e expandir. Se for trabalhar com cristais como uma ferramenta, aquilo que está manifestando ou criando será amplificado. Assim como você limpa e purifica o espaço do seu altar, o mesmo acontece com os cristais, que devem ser limpos depois que terminar de usá-los – não limpe a energia do cristal enquanto estiver trabalhando com ele, pois a ideia é a magia se acumular.

Você pode limpar os cristais com um bastão defumador de alecrim ou lavanda, um spray de óleo essencial ou à luz da lua cheia, que é uma das maneiras mais poderosas de limpar cristais e pode redefinir todas as energias que a pedra tenha captado. Outras maneiras de limpar os cristais são colocá-los em uma tigela de sal; ao lado de um cristal de selenita (a selenita é autolimpante) ou banhá-los sob a luz do sol ou da lua. Definir uma intenção simples de que o cristal seja carregado com seu próprio poder e energia também o limpará. Por último, você pode lavar o cristal com água corrente ou com água que foi energizada sob a lua cheia. Lembre-se de que alguns cristais não se dão bem com água, portanto, pesquise sobre eles antes de escolher esse método.

Em cada capítulo, forneceremos orientações sobre como usar os cristais como parte de seu altar, bem como sugestões de quais usar com determinados guias. Não há necessidade de se esforçar muito para obter todos os cristais que listamos. Se não tiver um cristal específico, pode usar um quartzo-transparente, pois ele pode substituir as energias de outros cristais.

Às vezes, gostamos de manter um cristal conosco depois de desmontar o altar, para que a energia de um guia e/ou ritual ainda possa ser acessada. Talvez você precise de alguma energia alegre do Buda Risonho ou da assistência dos seus Ancestrais Dourados de vez em quando. Mantenha esse cristal e sua energia pelo tempo que precisar. Apenas certifique-se de limpar e redefinir o cristal antes de usá-lo para algo novo.

Meditação

Depois de preparar seu altar, você pode optar por ativar a conexão com seus guias por meio da meditação. Cada capítulo tem uma meditação específica para aquela divindade e arquétipo mágico. A melhor maneira de experimentar essas meditações é gravá-las pessoalmente, lendo-as em voz alta e depois reproduzindo-as. Dessa forma, poderá simplesmente se concentrar em ouvir. Além disso, o som de sua própria voz facilitará o processo de entrar no estado meditativo. Se preferir apenas ler a meditação primeiro e depois fazer a jornada com uma visão geral dela em mente, isso também pode ser mágico.

Ativações de Códigos Sagrados

No final de cada capítulo, você encontrará as Ativações dos Códigos Sagrados. Esta seção contém mandamentos para cada guia, bem como mantras, avisos de ascensão e mensagens canalizadas. Essas Ativações de Códigos Sagrados foram canalizadas por nós e não são algo que você encontrará na magia popular asiática tradicional. Trabalhar com Códigos Sagrados tem sido uma ferramenta potente para nós e nos levou a uma transformação maciça, por isso queríamos compartilhar essa parte importante da nossa magia com você. Essas poderosas transmissões de energia conectam você aos seus próprios superpoderes internos.

Uma maneira de criar uma conexão mais forte com seus guias é através dos Mandamentos. Quando pedimos, é quando recebemos. Esses Mandamentos são considerados uma forte petição para se conectar com seus guias. Usá-los cria um forte vínculo vibracional entre você e seus guias. É como enviar uma mensagem clara ao Universo de que você deseja receber o amor, o apoio e a orientação deles neste momento. É dar permissão aos seus guias para lhe conceder presentes e bênçãos, ao mesmo tempo em que você se permite recebê-los.

Os mantras têm o objetivo de ativar a energia do seu coração e transformar a sua mente e o seu coração à medida que você incorpora o seu trabalho mágico. Eles permitem que continue o trabalho com seus guias depois de concluir um ritual. Em nossa lista de mantras sugeridos, escolha um que possa repetir quando quiser voltar a se alinhar com seus guias ou com sua magia. Os mantras são vibrações faladas por meio da sua voz, portanto, é necessário dizê-los em voz alta. Fale o mantra, cante-o ou entoe-o pelo tempo que desejar; gostamos de entoar até que ele nos coloque em um estado de transe e possamos sentir as vibrações zumbindo em todo o nosso corpo. Você pode experimentar downloads de sabedoria ao ler, escrever ou entoar o mantra. Esses downloads podem ser uma súbita centelha de inspiração, uma nova ideia, uma nova emoção ou até mesmo uma nova maneira de ser.

Quando terminar de repetir o mantra, você pode pegar um diário e entrar no seu fluxo criativo usando as instruções fornecidas. As solicitações da Ascensão estimulam a imaginação e revelam novas formas de pensar, sentir e ver o mundo.

Por fim, cada capítulo tem uma mensagem canalizada por um guia. São transmissões poderosas e diretas que selam toda a magia que você acabou de construir enquanto trabalhava no capítulo. Essas mensagens também podem apoiar você sempre que precisar de sabedoria ou incentivo. Lê-las novamente é uma ótima maneira de começar ou terminar o dia.

Esta é a sua Jornada

Trabalhar com a magia asiático-americana tem tudo a ver com encontrar alinhamento e fluxo. Embora façamos sugestões, não sinta que precisa se prender a um cronograma e fazer suas práticas em um determinado horário. A magia se desenvolve quanto mais se pratica, mas ela funciona melhor quando você a faz de uma forma que lhe pareça boa. Se manter um cronograma e visitar o altar todas as manhãs lhe parece certo, então faça isso. Se isso lhe parecer muito restritivo, talvez até mesmo uma tarefa árdua, então simplesmente visite seu altar quando sentir vontade e disposição para isso.

Isso também se aplica ao trabalho ritual. Fornecemos uma infinidade de ideias, sugestões e práticas para ajudar você a aprender e trabalhar com os guias e as divindades que fazem parte deste livro, mas você nunca deve sentir que isso é uma obrigação. Às vezes, incluímos orientações ou horários específicos para um ritual, mas cabe a você decidir quando deseja realizá-los. Em última análise, esta é a sua jornada, portanto, incentivamos você a fazer o que mais lhe agrada em cada etapa do caminho. Acreditamos que seguir seu coração levará você a uma experiência profunda e transformadora.

Parte 2

Seres Místicos e Magia Animal

Capítulo Dois

O Tigre

Mesmo quando uma garota é tímida como um rato,
é preciso tomar cuidado com o tigre dentro dela.
– Provérbio Chinês

As divindades que representam os Tigres no Extremo Oriente, manifestam-se em diversas formas e cores. O Tigre é uma figura central em muitas lendas chinesas, japonesas e coreanas. Neste capítulo, invocaremos essa energia específica do arquétipo do Tigre. O folclore taiwanês transmitido até nós dizia que o Tigre era tão poderoso que era o único animal autorizado a lutar ao lado do Dragão, que era visto como o Imperador do Reino Animal. (O Tigre aparece frequentemente com o Dragão, um arquétipo que apresentaremos no capítulo 4). Essas histórias enfatizavam a força, o poder, a graça e a realeza do amado Tigre. De fato, nas histórias e ensinamentos taiwaneses com os quais crescemos, o Deus mágico Tigre é chamado de "Rei das Montanhas". A forma das listras na cabeça do Tigre se assemelha à escrita do símbolo chinês para "rei" (王).

Nossa história favorita do Tigre é a incrível corrida do zodíaco chinês, organizada pelo Imperador de Jade (veremos mais sobre a corrida do zodíaco chinês no capítulo 9). A história explica por que há apenas doze animais no zodíaco e como isso aconteceu. Em tempos passados, não existiam Guias Do Zodíaco, então o Imperador de Jade decidiu realizar uma corrida para selecionar doze animais que se tornariam seus Guardiões.

A primeira parte da corrida envolvia competições em terra. O Tigre começou com força: ele era poderoso, rápido e gracioso, e atravessou a floresta em um instante. Muitas vezes, essa parte da corrida não é mencionada, porque a parte importante da história ocorre durante o último obstáculo, que era atravessar um rio a nado. Esse foi um desafio muito maior para muitos dos animais, especialmente para o Tigre. Como a maioria dos felinos, o Tigre não gostava de água, por isso demorou um pouco para atravessar. Ele perseverou e, por fim, ficou em terceiro lugar. O fato de terminar entre os doze primeiros lhe rendeu um lugar permanente no zodíaco chinês. Como resultado, diz-se que qualquer pessoa nascida no Ano do Tigre é leal, charmosa, corajosa e competitiva – e você verá por que, quando começar a se envolver com a energia do Tigre.

Ao trabalhar com as energias do Tigre, você sentirá um impulso de confiança. Também é provável que sinta um forte impulso para perseguir seus sonhos; como o Tigre lhe mostrará, as metas podem ser alcançadas instantaneamente com um salto poderoso. O Deus Tigre também pode ser invocado quando você precisar de proteção. Tudo o que precisa fazer é orar e pedir coragem, orientação ou assistência para superar uma situação desafiadora.

Magia do Tigre

A Magia do Tigre é o fogo que arde dentro de cada um de nós. Essa magia fica adormecida até que as pressões da vida acendam as chamas durante momentos intensos que exigem força e presença, como uma mãe tirando um carro de cima de um bebê. Ao trabalhar com a Magia do Tigre, você sentirá lampejos dessa poderosa energia.

Tratamos aqui, da criatividade feroz que se ativa quando o cosmo intervém em sua vida, protegendo você poderosamente ao fornecer uma correção de curso. Com cada desafio e dificuldade percebida na vida, sua sombra está sendo esculpida para dar espaço a mais luz divina.

Sem uma conexão com a Magia do Tigre, você pode se sentir sem rumo e sem esperança, surfando na inspiração de outras pessoas ou vagando para todos os lados, de acordo com as intenções delas. Em vez de manter uma conexão segura e direta com a energia da fonte – ou seja, em vez de usar sua preciosa energia vital para realizar seus próprios sonhos –, você pode descobrir que sua energia está se esvaindo devido à pressão de agradar aos outros. A Magia do Tigre se concentra em uma mensagem poderosa: o propósito é direcionar a energia da sua força vital para perseguir seus próprios sonhos e desejos, permitindo que você desfrute das suas conquistas e tenha sucesso ao colaborar com os outros nesse processo. A utilização da energia do Tigre ajuda a redirecionar você de volta a esse caminho sempre que se desviar.

No mundo moderno, é fácil se deixar levar pelas ideias e objetivos das pessoas ao nosso redor, mas essa magia nos lembra da nossa autoridade interior soberana. Na Magia do Tigre está a sua verdade divina, seu projeto original, o caminho de vida projetado especificamente para você. Embora outras pessoas possam lhe servir de exemplo e orientação, apenas sua autoridade interior pode ajudar você a se conectar com sua verdade suprema.

Vivemos em uma época em que somos nossos próprios gurus. Você é quem deve se guiar pela escuridão e pela luz. Sempre haverá aqueles que querem apoiar você e fazer parte de sua jornada, mas a sua verdade divina é um poder que vive profundamente em seu interior. A Magia do Tigre levará você de volta a essa clareza repetidas vezes.

O Tigre está pronto para lutar por seus desejos ardentes, mesmo quando você tem dificuldade em lutar por seus objetivos - ele está ao seu lado a cada passo do caminho. A força dele lhe trará, simultaneamente, conforto e poder. Permita que a coragem, a ousadia e a bravura do Tigre inspirem você. Quando nascemos, recebemos do Universo a dádiva inata do nosso poder pessoal, e essa força estará sempre presente ao longo de nossa jornada. Valorize essa joia especial e sua conexão com a Magia do Tigre.

História do Tigre de Samantha

Como visionária que sou, há poucas coisas mais empolgantes do que um novo projeto ou ver minha imaginação ganhando vida. Talvez o mais empolgante seja criar algo com meus melhores amigos. Quando eu tinha trinta e poucos anos, decidi que realmente queria trabalhar com um grupo de mulheres que pudessem criar juntas um negócio de *coaching* fora de série que nos apoiasse mutuamente de forma genuína por toda a vida. Lembro-me de ter apresentado a ideia às minhas possíveis parceiras de negócios com este entusiasmo: "Já imaginaram como seria emocionante se nos apoiássemos umas às outras ao longo de toda uma vida?!" Depois de semanas de conversas profundas e intencionais, quatro de nós, uma irmandade, decidimos nos unir para criar um negócio muito mágico.

Depois de alguns anos de criação de marcas comerciais, construção de sites, criação de programas, sessões de fotos, reuniões, sessões de criação, lágrimas e conversas difíceis, e de recebermos muito treinamento, tivemos de encarar a dura verdade de que o negócio simplesmente não estava funcionando. Por qualquer motivo, não importava como tentássemos promover nossos programas - eles simplesmente nunca decolavam totalmente.

Embora o lado financeiro das coisas não estivesse indo muito bem, a experiência foi realmente linda. Nós quatro tivemos muitos jantares mágicos e encontros de Deusas, incluindo uma viagem a Londres que mudou nossa vida, onde aprendemos com professores extraordinários e tivemos inúmeros momentos de riso. Crescemos muito juntas e nos transformamos em versões ainda mais poderosas de nós mesmas, mas a verdade sombria era que a receita da empresa não nos permitia continuar trabalhando juntas. Colocamos tanto coração, amor e energia naquilo, que foi difícil nos afastarmos. Quando você sabe, em seu coração e em sua alma, que algo não é certo para você, mas ama aquilo mesmo assim, essas são as situações mais difíceis de reunir coragem para abandonar.

Certo dia a Magia do Tigre veio até mim durante uma meditação. Estava na hora. Chegara o momento de fazer algo realmente corajoso e valente, mesmo que o processo não fosse agradável. Eu sabia que seria um momento de libertação. Com o apoio do Tigre, falei que talvez fosse a hora de nos separarmos. Naquele momento, os negócios de *coaching* pessoal privado fariam mais sentido. Quando pronunciei as palavras, todas deram um suspiro de alívio. No fundo, todas nós sabíamos disso, mas queríamos continuar, pois nos amávamos muito. Percebemos que havíamos feito juntas um trabalho incrível de crescimento no último ano. Mas como uma planta que cresceu demais para seu vaso, era hora de seguirmos em frente e fazermos uma mudança. Logicamente, queríamos ficar no conforto aconchegante de estarmos juntas, mas sabíamos que o Universo tinha outros planos para nós. Nossos caminhos eram únicos, era hora de o Tigre lembrar cada uma de nós de nosso poder individual.

Essa separação me atingiu com tanta força que tive dores intensas na região lombar durante um mês inteiro. Eu não sabia realmente o que estava acontecendo, mas sabia que meu corpo estava me ajudando a processar a mudança. Nossas energias precisavam de espaço e tempo para se desembaraçar, e o Tigre estava comigo a cada passo do caminho. Eu continuava ouvindo o Tigre sussurrar: "Você pode fazer isso sozinha. Continue". Na época, os momentos de dúvida e hesitação continuavam aparecendo: eu poderia realmente ter um negócio por conta própria? Eu dependia tanto do cuidado, do amor e do apoio de minhas irmãs!

O Tigre acendeu um fogo dentro de mim e me lembrou que meu propósito, minha visão e meu chamado eram maiores do que esse rearranjo temporário de energia. A situação pode ter parecido um "fracasso" no momento, mas na verdade, era apenas o trampolim para a próxima aventura. Nenhuma de nós havia fracassado; no processo, cada uma encontrou versões mais profundas de si mesma. Era hora de crescer de novas maneiras.

Quando tomei as rédeas e abri um negócio sozinha, um mundo totalmente novo começou a surgir à minha frente. Comecei a atrair um novo calibre de clientes e o dinheiro parecia florescer a cada dia. Fiquei chocada e maravilhada, não sabia como receber a quantidade de bondade que estava chegando. Mais uma vez, o Tigre me lembrou: "Continue. Este é o seu destino."

Toda vez que eu pensava que precisava dar um passo atrás, o Tigre me fazia seguir em frente novamente: "Continue. Não pare". Repetidas vezes, ouvi a voz mágica do Tigre me apoiando e me mantendo no caminho certo. É como se o Universo tivesse removido todas as maneiras possíveis de agradar as pessoas ou de me moldar em alguém que eu não era.

Comecei a acreditar em meu poder e mais oportunidades surgiram. Apenas alguns meses depois que as brasas do meu antigo negócio se extinguiram e meu novo negócio nasceu, assinei meu primeiro contrato de livro com Pamela. É incrível como o Universo nos guia de novas maneiras e, ao mesmo tempo, garante que permaneçamos em nosso caminho. Por minha força e poder internos, sempre serei grata pela Magia do Tigre.

A Magia do Tigre é um fogo e uma força que estão bem dentro de você, e as chamas ficam mais brilhantes à medida que se aproxima cada vez mais de seu propósito e destino. Pode não parecer confortável no momento – essa é geralmente a natureza da mudança. Não tenha medo do desconforto temporário. Em vez disso, seja grato por essa energia estar sempre disponível para você. Ativar a coragem interior é o que permite que essa energia magnífica o guie até a próxima parada da sua jornada. Quando você abre espaço para que esse poder natural surja de dentro para fora, começa a se apoiar de dentro para fora.

História do Tigre de Pamela

Há muitas histórias na qual o Tigre aparece para me ajudar a retornar ao meu eu corajoso e poderoso. Embora todas elas sejam impactantes, a que escolhi é a que mais ressoa com a essência deste livro. É também a história que o Tigre me incentivou a compartilhar.

O Tigre fala sobre força interior, coragem e ir atrás do que realmente deseja, porque sabe que o objeto desse desejo foi feito para você. Isso pode tirá-lo de sua zona de conforto, que é quando você provavelmente sente mais medo ou dúvida em sua vida; a maioria de nós não gosta de se sentir desconfortável. Mas ir além de sua zona de conforto pode ter resultados milagrosos.

Um dos maiores saltos em minha carreira como escritora, criadora de baralhos e empreendedora foi quando tomei a decisão, que mudou minha vida, de publicar meu primeiro baralho, *Crystal Unicorn Tarot*, em 2018. Na verdade, eu havia tentado criar vários baralhos antes desse, mas eles não deram em nada, o que foi muito desanimador. Durante uma linda meditação e cura, encontrei o incrível mundo dos Unicórnios de Cristal e eu simplesmente sabia que tinha de criar um baralho sobre ele. Para aumentar minha inspiração, não havia nenhum baralho de Tarô de unicórnio por aí – o mercado estava pronto para isso. Além disso, eu queria desesperadamente um baralho de unicórnio para minhas próprias leituras.

No início da minha jornada com o *Crystal Unicorn Tarot*, todos os meus baralhos fracassados ressurgiram, o que dificultou muito o início do projeto, pois eu tinha medo de não ter sucesso novamente. Foi aí que a Magia do Tigre entrou em cena. O Tigre me empurrou gentilmente em direção à minha missão e ao meu propósito, fazendo-me saber que o passado não definia meu futuro ou quem eu era, e que era o momento certo para eu seguir minhas paixões. Concentrei-me no que eu realmente desejava e sabia que meu "motivo" era muito mais importante do que todos os pensamentos negativos do passado.

É claro que o Tigre estava certo. Minha arrecadação foi um sucesso e, por meio desse processo, as pessoas começaram a me procurar on-line e ficaram sabendo de outras coisas que eu também estava fazendo, inclusive meu negócio de *coaching*. Quando o *Crystal Unicorn Tarot* foi finalmente publicado, todos o adoraram. Foi um grande sucesso, inclusive internacionalmente, com empresas do Japão e da China entrando em contato comigo para comprar o baralho. Como continuei a seguir meu fluxo criativo, para o qual o Tigre ainda me guiava, comecei a assinar contratos para outros baralhos e livros. Agora, menos de cinco anos depois, tenho nove contratos de publicação! Ainda adoro compartilhar minha sabedoria e magia por meio de meus baralhos e livros. Se eu tivesse desistido porque as coisas ficaram muito difíceis e tivesse me deixado desanimar da minha missão, você não estaria lendo este livro agora.

É importante saber que, embora a Magia do Tigre seja feroz, ela também é muito protetora e nutritiva, o que significa que você não será empurrado para algo que não queira fazer. O Tigre está sempre conduzindo você para aquilo que é para o seu bem maior. As ações corajosas que será chamado a tomar são apresentadas "pata por pata". Quando você se permite ser guiado pela majestosa sabedoria do Tigre, está sendo conduzido ao propósito mais elevado de sua alma.

Como Montar seu Altar do Tigre

A energia do Tigre tem tudo a ver com lealdade e confiança, inclusive saber quando confiar em nós mesmos e quando confiar nos outros. Manter-se fiel às suas devoções diárias ao trabalhar com a energia do Tigre o impulsionará para seus objetivos. O Tigre sempre fica satisfeito com a dedicação e a energia que colocamos para honrar a feroz Magia do Tigre dentro de nós; quando estamos comprometidos com esse trabalho, o Tigre nos recompensa com resultados surpreendentes.

Aqui estão algumas ferramentas relacionadas à energia do Tigre que você pode usar para decorar seu altar. Essas sugestões foram orientadas pelo Tigre em uma canalização meditativa que realizamos para este livro. Sinta-se à vontade para acrescentar ferramentas que lhe sejam familiares ou quaisquer outras que tenhamos discutido. Lembre-se sempre de que a energia do Tigre é régia, majestosa e está relacionada à prosperidade divina.

Cristais de Tigre
Esmeralda
Olho de tigre
Safira
Jade

Cores do Tigre
Branco
Preto
Dourado
Azul

Símbolos do Tigre
Garras
Coroas
Joias
Florestas

Oferendas de comida ao Tigre
Pratos de aves
Ovos
Mangas ou frutas com sementes
Sementes de Gergelim

Cartas de Tarô do Tigre
A Força
O Imperador
A Imperatriz

Crie uma cerimônia para honrar o Tigre diariamente. Pode ser algo simples, como saudar seu altar todas as manhãs enquanto trabalha com a energia do Tigre ou acender uma vela e falar uma intenção para o dia. Você pode ficar em frente ao seu altar e recitar os comandos, afirmações e mantras no final deste capítulo. Se quiser ser mais extravagante, pode encarnar o Tigre: empine-se ou dance pela sala como se fosse um magnífico Tigre atacando seus objetivos.

Depois de terminar de montar o seu belo altar, ative-o chamando o seu Tigre Guardião usando as instruções da próxima seção.

Encontrando seu Tigre Guardião

Respire fundo algumas vezes. Acalme seu corpo e sua mente. Encontre-se em seu próprio espaço mágico. É hora de conhecer seu Tigre Guardião. Sinta um nível de alegria ao mergulhar na meditação. Você pode até imaginar que está repousando embaixo de uma Árvore Mandarim cheia de folhas e frutos alaranjados brilhantes.

As poderosas patas do Tigre entram na área, um passo de cada vez. Você pode sentir o imenso poder real que flui através do Tigre. Em um ritmo confortável, o Tigre se aproxima de você. Sinta o calor e sua proximidade. Lágrimas podem escorrer pelo seu rosto à medida que se reconecta com o poder interno do Tigre. Uma onda de energia percorre seu corpo; pode haver faíscas de eletricidade ou cor. Nesse momento, todas as crenças limitantes de desempoderamento vêm à tona, apenas para serem expulsas do seu corpo.

Sinta a profunda presença acolhedora do Tigre em um abraço que honrará e celebrará a sua coragem nesta vida. Suba em suas costas enquanto ele ruge alto, fazendo a área ao seu redor tremer. Num instante, o Tigre lança você através dos portais interdimensionais do tempo e do espaço. As cores vibrantes do arco-íris passam por você enquanto viajam à velocidade da luz. Você se agarra ao pelo do Tigre e ele se vira, sorrindo. A maior alegria do Tigre é estar ao seu lado.

O Tigre leva você ao Templo do Oráculo, o Olho Que Tudo Vê. O templo é dourado, com tetos incrivelmente altos. Você sente o cheiro de incenso por toda parte. Joias que brilham e cintilam estão ao seu redor. O Tigre entra majestosamente pelas portas do Templo do Oráculo. O Mago da Luz cumprimenta você e lhe apresenta à Imperatriz, uma linda Tigresa Branca, que brilha com a luz. Ela caminha em sua direção e coloca a pata sobre o seu Terceiro Olho. Uma onda de eletricidade flui através de você. Suas vidas começam a passar diante de seus olhos.

Quando a Imperatriz retira a pata de sua testa, há uma joia em sua garra. "Esta é a Joia do Grande Oráculo", diz ela. "Ela recuperará toda a sua força e seu poder das sete dimensões de vidas. A joia limpará completamente os padrões cármicos, as distrações e as ilusões que têm impedido você de ver sua própria luz e força."

Camadas de pensamentos e sentimentos pesados se soltam e deixam seu corpo. A Imperatriz então diz: "Isso está completo". Ela sorri calorosamente para você.

Um nível de plenitude e confiança que antes não estavam disponíveis chega até você. A conscientização dos inúmeros desafios superados em várias vidas passadas se torna evidente. Sua força e poder emergem novamente. Com o poder da Joia do Grande Oráculo, uma nova sabedoria desperta dentro de você. Uma integração ocorre. Você passou pela Iniciação.

O Tigre aparece ao seu lado e faz uma saudação. Agora é hora de descansar. Sentindo certa sonolência, você sobe novamente nas costas do Tigre, que cruza o portal interdimensional e garante que você esteja de volta em seu quarto, na sua cama. Então, ele lhe dá uma mensagem: "Estou sempre com você. A magia e o poder do Tigre estão sempre presentes. Chame por mim e eu estarei aqui para ajudar".

À medida que o mundo do Tigre se transforma em luzes suaves e opalescentes no fundo da sua mente, você se vê retornando à sua realidade e para o quarto em que está. Mova suavemente os dedos das mãos e dos pés ao se reintegrar ao poderoso momento presente. As coisas mudaram e se transformaram. Você não é mais a mesma pessoa. Camadas de poder, coragem e bravura foram energeticamente restauradas em sua consciência. É possível perceber que sua postura ao sentar está um pouco mais ereta e você está andando com mais confiança. Há um novo nível de apoio universal disponível agora, perceptível na maneira como você fala, na cadência ou no tom de sua voz. As palavras escolhidas têm mais coragem. O poder do Tigre Rugidor está dentro de você agora. A frequência dessa nova força acompanhará você nesta vida.

Ritual do Tigre Rugidor

O Tigre quer compartilhar um ritual muito poderoso para recuperar seu poder e libertar você da necessidade de aprovação dos outros para ter sucesso. Este ritual deve ser feito somente no primeiro domingo do mês. A razão para isso é que, em chinês, "domingo" é escrito como a palavra "céu", e o Tigre quer que você saiba que tudo é possível – o céu é o limite! Na verdade, não há limites, pois você é um ser energético cósmico que pode cocriar tudo o que desejar. Manifestamos nosso poder máximo quando há confiança e segurança em nossa própria capacidade. Assim, este ritual irá fortalecer sua crença em suas próprias habilidades e em seu potencial de alcançar sucesso em qualquer empreendimento. Prepare-se para reivindicar a Magia do seu Tigre e deixe que ele ouça seu rugido.

Para se preparar para o ritual, primeiro vai precisar se conectar com o seu Tigre Guardião usando a meditação da seção anterior deste capítulo. Em seguida, reúna estas ferramentas mágicas:

- Caneta
- Cristal (opcional)
- Estatueta ou imagem de um Tigre
- Isqueiro ou fósforos
- Prato
- Sal de sua preferência
- Sua intenção (o que você realizará depois de entrar em contato com o seu poder sagrado)
- Três velas brancas
- Um pequeno pedaço de papel

Limpe seu espaço sagrado e o altar do Tigre com um bastão defumador ou spray e prepare suas ferramentas mágicas para o ritual. Certifique-se de estar em um local livre de interrupções durante o ritual, que pode ser tão longo quanto quiser, dependendo do tempo que deseja permanecer na energia do Tigre e do tamanho das velas.

1. Escreva sua intenção no pequeno pedaço de papel e dobre-o uma vez em sua direção, chamando de volta todo o seu poder e magia.
2. Acomode-se de frente para suas ferramentas mágicas e para o altar, coloque a intenção escrita sob a estatueta ou a imagem do Tigre. Se tiver um cristal que gostaria de acrescentar a esse ritual, fique à vontade para colocá-lo ao lado da estatueta/em cima da imagem.
3. Coloque o prato na frente de sua intenção. Usando a quantidade de sal necessária, desenhe o caractere chinês que representa o rei (王) no prato. Aqui estão as instruções para escrever o caractere:
   - Faça uma linha horizontal.
   - Faça outra linha horizontal logo abaixo.
   - Começando no meio da linha superior, desenhe uma linha vertical descendo pela linha abaixo e indo além dela.
   - Desenhe uma linha horizontal na parte inferior da linha vertical.

王

4. Coloque suas três velas em cada um dos pontos onde a linha horizontal encontra a linha vertical. As três velas devem estar no centro do prato.
5. Antes de acender as velas, coloque as mãos sobre o prato e diga sua intenção em voz alta três vezes. Diga-a em voz alta e com orgulho, permitindo que o Universo ouça seu rugido.
6. Quando sentir que é o momento certo, acenda as três velas, começando pela parte superior do prato. Enquanto acende cada vela, diga sua intenção em sua mente com confiança.
7. Assim que terminar de acender as velas, visualize seu sucesso em sua mente. Veja-se atingindo todas as suas metas, mantendo-se firme em seu poder e deixando a magia do tigre guiar a sua vitória.

8. Deixe as velas se apagarem sozinhas. Nunca deixe-as sem supervisão. Se precisar sair do local, certifique-se de apagá-las primeiro; quando reacender cada vela, diga sua intenção novamente.
9. Quando as velas tiverem se apagado, seu ritual estará concluído. Recolha o sal, o papel de intenção e a cera que sobrou. Você pode manter tudo em seu altar ou jogar fora. Mantenha a estatueta (ou foto) do Tigre no altar ou leve-a com você para dar sorte.

Faça esse ritual sempre que precisar de um impulso de poder pessoal, sempre no primeiro domingo do mês.

Ativações de Códigos Sagrados

O Tigre Guardião está sempre disponível para você e é ativado a partir de seu próprio interior. Quando quiser ativar mais poder, mais coragem e mais ousadia em seu Universo, nós convidamos você a invocar o Mandamento do Tigre. Essa é uma declaração poderosa para você e para o Universo, um convite à Magia do Tigre, abrindo-se para receber a energia e o apoio diretos dessa força.

Mandamento do Tigre

"Poderoso Tigre Guardião, como uma expressão direta do Divino, peço que sua feroz ardência purifique minha consciência e me traga de volta à verdade. Peço que todas as ilusões e delírios sejam eliminados de minha mente, meu corpo e minhas emoções. Traga-me de volta à verdade, à essência e à poderosa expressão de minha alma. Lembre-me de meu poder, de minha força e de minha luz. Guia-me de volta ao meu caminho com entusiasmo e rapidez. Dissolva e elimine todas as distrações, tendências de agradar as pessoas, vazamentos de energia e pensamentos duvidosos de minha mente. Traga-me de volta a este momento poderoso e mantenha meu foco em meu caminho pessoal da verdade. Estou disponível para todas as orientações e mensagens. Ensine-me a ficar disponível para ouvir, sentir e escutar. Permita que o poder do Tigre Guardião esteja comigo agora. Traga-me de volta à expressão mais elevada do bem. E assim é."

Mantras do Tigre

Use um Mantra do Tigre para manter sua energia concentrada em um sentimento específico que ativa e desperta sua força e poder internos. Permaneça com o mantra por tempo suficiente para se calibrar a esse novo campo energético. O mantra correto para você provocará uma sensação de poder interior. Quando o mantra parecer neutro ou não evocar mais sentimentos, isso indica que a etapa foi concluída e você poderá seguir para o próximo passo. Crie seu próprio Mantra do Tigre ou escolha um da lista a seguir:

- Tenho permissão para ser forte e estar em meu poder.
- Posso decidir com poder qual é a minha verdade.
- Tenho permissão para ouvir plenamente minha poderosa intuição.
- Confio em minha intuição para me guiar.
- Estar em minha força é uma coisa boa.
- Agora eu estou em meu poder.
- Meu poder é para o bem de todos.
- Eu crio apenas situações em que todos saem ganhando.
- Meu poder é uma corrente de energia do Universo que flui através de mim.
- O poder é meu direito natural de nascença.

Talvez você volte a esses mantras em um mês (ou até mesmo em um ano) e descubra que eles têm uma nova camada de significado naquele momento. Permita-se brincar com essas energias por toda a vida. Volte a se calibrar para elas sempre que precisar. Os mantras continuarão elevando e capacitando você.

Comandos de Ascensão do Tigre

A energia do Tigre é um poder que você desperta e ativa dentro do seu interior. Use estas instruções de ascensão para despertar novos níveis de poderes. Você pode escrever as respostas em um diário ou dedicar algum tempo à autorreflexão. Talvez queira acender uma vela e ter seu chá ou bebida preferida por perto. Passe algum tempo em sua própria companhia, mergulhando profundamente na autoexploração. Veja seu próprio poder aumentado cada vez mais à medida que desvenda as perguntas a seguir:

1. Se tivesse a chance de se expressar plenamente, como se sentiria? Busque por uma versão sua que se destaca em falar, ensinar e compartilhar com o público. Escreva exatamente o que quer dizer e como deseja se apresentar aos outros. Como seria essa sensação? O que mudaria se permitisse que sua expressão mais completa se manifestasse?
2. Se você precisasse se posicionar firmemente em relação a algo na sua vida, o que seria? Existe algo que você sabe com certeza que é seu? Está em condições de reivindicar isso agora? Por quê?
3. Em quais áreas você está perdendo seu poder e ficando descrente? Identifique isso com precisão. Qual ação diária está totalmente alinhada com seu verdadeiro eu para restaurar sua integridade?
4. Quando as coisas deixam você para baixo, qual caminho é ideal para se reerguer? Qual é a sua estratégia para se trazer de volta à luz? Como pode se treinar para escolher pensamentos e palavras poderosas? O que aconteceria se você cultivasse histórias mais fortalecedoras sobre tudo o que está acontecendo em sua vida?

Mensagem Canalizada pelo Tigre

"Seu rugido de comando deve ser ouvido em toda a Terra. Você está aqui para reivindicar seu trono e seu espaço. A energia de sua voz cria mundos e merece ser ouvida. Esteja em seu poder e o Universo se curvará à sua vontade."

— Tigre

Capítulo Três

A Fênix

Uma queda na vala o torna mais sábio.

– Provérbio Chinês

Uma centelha de fogo se acende das cinzas e forma uma bela ave, a Fênix, cheia de magia e poder. A Fênix pode atravessar qualquer barreira e ascender a qualquer reino. A energia desse Guardião mítico é pura e iluminadora. Aprender com a Fênix trará os mais variados desafios, portanto, prepare-se para expandir horizontes e realizar o que antes parecia inalcançável. Cada ação que tomar, cada decisão, será uma aventura empolgante – permita-se voar para o seu potencial mais elevado.

Ao trabalhar com a Fênix, observe as oportunidades e mudanças empolgantes que estão acontecendo em seu mundo físico; elas estão acontecendo rapidamente! Esses serão os indicadores de que suas vibrações energéticas estão ascendendo a outro nível e sinalizarão seu renascimento. Algumas dessas mudanças serão sutis, como arrumar o armário ou talvez mudar a forma de repartir o cabelo; outras mudanças parecerão acontecer sem motivo aparente. Lembre-se de que você não precisa apressar o processo de renascimento. Permita-se ressurgir graciosamente das cinzas, com gratidão por cada momento.

Uma das maiores lições que a Fênix compartilhará com você tem a ver com a ativação e a confiança em sua bússola interna para que possa sentir mais intuitivamente o que é certo para você, olhando para dentro em vez de buscar validação externa. Quando se concentrar em ressurgir das cinzas, deixará de tentar agradar a sociedade ou até mesmo seus entes queridos, pois estará seguindo seus verdadeiros desejos. Preste atenção a cada centelha de paixão que vem do fundo de sua alma, bem como às mensagens diretas do cosmos. Seu propósito na vida não é agradar às pessoas ao seu redor, mas, sim, ouvir a orientação poderosa e invisível que vem de dentro de você.

A lenda da Fênix pode ser encontrada em muitas culturas, especialmente na mitologia chinesa. Fomos educados para acreditar que existem várias versões da Fênix. Neste capítulo, vamos nos conectar com a energia da Fênix encontrada na mitologia chinesa, também conhecida como *Fenghuang*, que está impregnada em muitas histórias e tradições da China e de Taiwan. Algumas dessas histórias tiveram origem há muito tempo, quando havia dinastias e imperadores no poder. Esses pássaros majestosos também podem ser encontrados em cerâmica, arquitetura e obras de arte antigas, onde o símbolo da Fênix é frequentemente associado à realeza. Nos tempos modernos, a Fênix ainda tem influência em muitos dramas, filmes e séries de televisão chineses.

Em uma das antigas escrituras chinesas, Erya, a Fênix, é retratada como tendo "o bico de um galo, o rosto de uma andorinha, a testa de uma ave, o pescoço de uma cobra, o peito de um ganso, as costas de uma tartaruga, os quartos traseiros de um veado e a cauda de um peixe".[4] Ela é conhecida por ser um totem auspicioso na cultura chinesa, o que significa que é um sinal de boa sorte. A Fênix também representa os seis corpos celestes: a cabeça simboliza o céu; os olhos o sol ardente; o dorso a lua; as asas são rápidas como o vento; as caudas são os planetas e os pés são a terra firme. Nos tempos modernos, você verá a Fênix representada em importantes eventos chineses, como casamentos, por exemplo.

Magia da Fênix

A Magia da Fênix é uma luz que brilha no fundo de nossa alma e desperta nosso eu atualizado. É o fogo cósmico da criação, disponível para cada um de nós, embora às vezes esteja enterrado bem fundo. Essa energia guia os desejos de nossa alma e sussurra sabedoria em nossos momentos tranquilos e cotidianos; é uma conexão direta com a energia da Fonte, presenteada a nós no momento de nosso nascimento. O sistema imunológico é uma evidência desse guerreiro da luz dentro de nós: ele sabe exatamente quando a menor partícula estranha não está alinhada com nosso sistema individual e inicia o processo de eliminação. Por outro lado, quando o sistema imunológico reconhece algo semelhante à nossa composição individual, ele oferece proteção e segurança.

Essa Magia do Fogo da Fênix é potente em crianças pequenas. As crianças que gravitam em torno do canto, da dança, da escrita, de tocar um instrumento musical ou que são obcecadas por esportes têm uma corrente de energia interna que as orienta para seus dons e talentos naturais. Quando nutrimos, alimentamos e cultivamos essa energia, permitimos que ela evolua para seu potencial máximo. Muitas vezes, as crianças não têm os mentores ou a orientação para realmente permitir que essa magia desperte dentro delas, e muitas pessoas descobrem, anos depois de adultas, que estão finalmente se permitindo ser quem

4. Cultural-china.com, *Chinese Phoenix—Auspicious Bird Rising from Ashes.*

nasceram para ser. Exemplos disso são o marido que tem uma crise de meia-idade e decide largar o emprego e viajar pelo mundo, ou a esposa que decide voltar a estudar para se dedicar ao que realmente a apaixona. Esses foram dons que não foram expressos e, em algum momento, o fogo da Fênix exigirá que a vida os liberte. O potencial da alma é um fogo que não pode ser extinto.

Essa energia única irradia de cada um de nós quando expressamos a verdade de nossa alma. Falar, cantar, dançar e agir de acordo com sua profunda verdade interior é irradiado de seu campo áurico. Essa energia emana um som energético e inaudível que também pode ter um impacto sobre as pessoas ao seu redor. Quando você se permite ser o seu eu mais completo e livremente expresso, traz equilíbrio e harmonia para o Planeta.

A perda de nossa sabedoria inata geralmente ocorre por meio do condicionamento social e dos pais. É fácil esmagar a luz que nos foi presenteada pelo cosmos quando estamos tentando nos manter seguros e agradar as pessoas ao nosso redor. Podemos nos esquecer de cuidar do fogo interior. O sistema de navegação destinado a direcionar todos os nossos movimentos pode ficar *off-line* devido à pressão externa de qualquer versão de sucesso que esteja nos guiando. O verdadeiro sucesso só pode ser definido a partir de dentro. É um estado de ser no qual nosso profundo conhecimento interior e nossa conexão com a totalidade permitem que as pessoas, coisas e situações corretas sejam atraídas para nossa vida.

O poder da Magia da Fênix reside na capacidade de ressuscitar das cinzas. Em momentos mais profundos e sombrios, o verdadeiro poder se revela. A sensação pode ser de total desamparo, com a sobrecarga causada pelos diversos sistemas de crenças e personalidades assumidos para nossa sobrevivência. Ao queimar as imagens falsas, ocorre a reconexão com o poder interior. Nas cinzas, resta apenas a essência e a verdade. A verdadeira riqueza, a verdadeira energia e o verdadeiro poder emergem dessa conexão profunda com a essência da nossa alma.

Ao permitir que sua Fênix interior se eleve, você verá além da densa ilusão da realidade. A realidade é o mundo em que você existe e que já foi formado, construído pelos desejos e necessidades de seus entes queridos e outras influências. A realidade também é moldada por filmes e outras mídias que nos mostraram como as coisas "supostamente" deveriam ser. Mas essas são, na verdade, imagens repetidas e recicladas do passado. Para estar em harmonia com a Fênix, é necessário adotar uma abordagem ousada e corajosa, vivendo na vanguarda. Você deve se ver em um mundo que está se formando, mas talvez ainda não tenha sido criado. Ao trilhar o caminho da Fênix, você vê além da realidade que foi construída – vê o mundo místico e mágico do que ainda está por vir. É necessário ter ousadia e coragem para viver aqui. Uma vez em sintonia com essa energia, a transformação se torna inevitável.

O reino da Fênix é onde vivem os artistas, inovadores, escritores e líderes de nosso tempo. Cada um deles possui um profundo conhecimento de que está destinado a criar algo poderoso e mágico. Essas criações não necessariamente impressionarão ou mudarão o mundo de forma extraordinária, mas, ainda assim, não têm preço. A criação é um sentimento, uma centelha de vida, por meio da qual podemos sentir o significado de nossa existência. Essa faísca está sempre disponível para nós, quando aproveitada, pode acender um fogo.

História da Fênix de Samantha

Crescer em uma cultura mista gerou sinais contraditórios. Quando morei nos Estados Unidos, fui ensinada que seria melhor eu ser barulhenta e engraçada, ocupar espaço e chamar a atenção. Em Taiwan, eu era elogiada por ser quieta, servir chá com cuidado, ser uma boa ouvinte e simplesmente ficar em segundo plano como observadora.

Para me adaptar, assumi as duas personalidades. Fiz o melhor que pude com as duas e mudei de marcha quando viajei de um país para outro. Isso exigia muita energia. Eu me questionava muito, porque não tinha certeza de quais ações e decisões seriam mais admiradas ou aceitas. Em vez de me sintonizar com minha Fênix Interior, muitas vezes eu observava expressões faciais sutis e lia o ambiente para decidir como me apresentar em qualquer situação ou circunstância. O que preciso dizer ou fazer para ser mais amada e aceita? O que é necessário para ter a certeza de que não vou me meter em encrencas, ser repreendida ou receber uma resposta de desaprovação? Como preciso me apresentar para receber mais atenção, ou o tipo "certo" de atenção? O que preciso fazer para me manter segura? Essas eram algumas das perguntas que eu me fazia continuamente; elas se repetiam em minha mente. Sem perceber, meu cérebro estava avaliando todas essas coisas antes de eu agir e, como resultado, acabei ficando muito tímida.

Lembro-me de que uma pergunta simples como "Você quer Lucky Charms ou Frosted Flakes?" me deixava paralisada. Minha resposta normalmente era "Não sei, o que você quer?" Eu queria ter a certeza de que escolheria a mesma coisa que os outros para que gostassem de mim. Não conseguia tomar minhas próprias decisões e realmente não sabia o que queria. Eu havia esmagado tanto minha Fênix Interior que nem ouvia seu chamado.

Uma lembrança perturbadora que tenho é a de um colega de classe que copiava meu dever de casa todas as manhãs. Lembro-me de querer agradá-lo, ao mesmo tempo, eu sentia medo de que se eu não o deixasse copiar meu dever de casa, ele pararia de falar comigo. Também tinha medo de me meter em encrenca se não parasse, mas permiti que a situação continuasse por um ano inteiro. Meu medo da perda era maior do que a necessidade da minha verdade. Todas as minhas emoções confusas permaneceram dentro de mim e começaram a se acumular. À medida que os sinais emocionais se misturam e o poder interior começa a se enfraquecer, é nesse ponto que o corpo começa a se desestruturar. No meu caso, isso resultou em problemas intensos de pele.

Há um conceito na Medicina Tradicional Chinesa de que a raiva superaquece o corpo internamente e cria excesso de catarro. Quando eu era mais jovem, acabei tendo muita acne no rosto, no peito e nas costas, acredito que porque tinha tanta raiva acumulada dentro de mim que meu corpo estava superaquecendo. Naquela época, porém, eu sempre dizia que nunca ficava com raiva. Eu nunca a sentia. A raiva havia sido tão profundamente reprimida que se transformou em pele vermelha e acne inflamada, tão ruim que nenhum creme para acne poderia eliminá-la.

Quando me dei conta disso, aos vinte e poucos anos, comecei a lutar por mim mesma. Lembro-me do momento em que me permiti sentir raiva pela primeira vez. Foi tão avassalador que eu simplesmente soluçava, gritava e deixava tudo sair na frente do espelho. Naquele momento, notei algo: enquanto todas as minhas emoções estavam sendo liberadas, meus olhos brilhavam. Comecei a ver meu verdadeiro eu. Fiquei furiosa e comecei o processo de desabafar; todas as lágrimas reprimidas escorriam pelo meu rosto. Minha pele se curou e a vermelhidão começou a desaparecer.

Eu havia permitido que muitas pessoas tomassem e usassem minha energia em benefício próprio, e não estava respeitando a mim mesma ou meus limites. Eu estava dando tudo de mim. Só não tinha ideia do que significava seguir meus desejos ou realmente fazer as coisas que me iluminavam e me deixavam feliz. Eu estava tão preocupada com o bem-estar e a felicidade de todos os outros, que me colocava em último lugar. Não percebia que, por não cuidar de mim mesma, eu também não conseguia me apresentar totalmente para as pessoas que eu amava.

Ser o seu eu atualizado é o poder da Fênix. Você precisa fazer escolhas e tomar decisões poderosas e permitir que a Fênix elimine e destrua o que não lhe serve mais. A Fênix luta por seu destino, porque você tem um. Cada pessoa tem o seu. Isso é importante: ninguém pode guiar você melhor do que sua própria Magia Interior.

História da Fênix de Pamela

Eu sempre digo: antes de um avanço, geralmente há um colapso. Às vezes, temos de queimar o que não é necessário em nossa vida – e talvez até mesmo vê-lo pegar fogo – para chegarmos à fase de renascimento, assim como a Fênix que ressurge das cinzas. A próxima versão de nós mesmos será mais expansiva do que a que abandonamos. Por esse motivo, não podemos temer os momentos em que as coisas desmoronam.

Desde o início de 2022, houve muitos momentos como esse em minha vida, incluindo a necessidade de recomeçar meu negócio do zero em um momento em que eu estava me sentindo mais doente do que nunca. Muitas coisas saíram das sombras e exigiram minha atenção. Minha compreensão do meu propósito e missão estava mudando. Decisões importantes que não me pareciam boas no momento estavam me forçando a fazer uma correção de curso. Embora eu estivesse com medo do desconhecido e de uma nova vida, a Fênix me garantiu que, para renascer, eu tinha de liberar o que não era necessário.

O que acredito ser verdade é que há um potencial ilimitado esperando por cada um de nós. As circunstâncias na vida podem mudar de repente, e os avanços estão sempre à espreita. É claro que temos de aparecer na vida real e fazer o trabalho; não podemos simplesmente comer batatas fritas o dia todo e ficar navegando nas mídias sociais. Mas o que aprendi em muitos renascimentos, colapsos e avanços é que tudo isso acontece muito mais facilmente se liderarmos com energia e magia. Veja bem, essa centelha mágica do que você mais deseja é um GPS para a boa saúde e a boa sorte. Ao permitir que a magia de sua Fênix desperte e o conduza, poderá entrar no fluxo do Universo. Quando está seguindo o fluxo, as oportunidades, as pessoas e as experiências aparecem facilmente, porque você está escolhendo encontrá-las. Elas sempre estiveram lá, mas foi preciso remover alguns obstáculos para percebê-las.

Em 2022, quando me permiti abrir minhas asas, voar como a Fênix e seguir meus desejos apaixonados, a mágica aconteceu. Liberei tudo o que havia construído inicialmente em meu negócio no início daquele ano, embora fosse minha única fonte de renda e eu estivesse com muito medo. Também perdi mais de quinze quilos que estavam pesando sobre mim. Tudo correu a meu favor, embora eu estivesse um pouco preocupada no início. Milagres e bênçãos que eu nem sabia que existiam foram colocados à minha frente, coisas que eu nunca pensei que fossem possíveis. Eu me reergui das cinzas e continuo me reerguendo; o céu é o limite!

Depois que removi as velhas histórias e os pensamentos autossabotadores que bloqueavam meu caminho, pude me tornar plenamente quem sou e de forma autêntica, em meus relacionamentos e em meus negócios. Posso brincar com magia, ensinar sobre Guardiões Mágicos como a Fênix, aparecer com meu cabelo da cor do arco-íris e até mesmo usar trajes espaciais galácticos para sessões de fotos. Já viajei para lugares incríveis e me diverti muito em cada um deles. Ao seguir minha intuição e liderar com base em meus desejos, o que poderia ter sido um ano difícil acabou, na verdade, com grande sucesso, pois meu eu autêntico pôde brilhar!

Se enfrentar grandes desafios antes de fazer progressos é uma constante em sua vida, saiba que isso pode mudar. Nem sempre é necessário sofrer para alcançar nossos sonhos. Quando me lembrei de invocar o poder da Fênix para queimar rapidamente o que não era mais necessário e me ajudar a ressurgir graciosa e facilmente das cinzas, descobri isso. Também aprendi que não há problema em acolher a tensão e a resistência antes do renascimento, pois a magia e a abundância que nos esperam do outro lado serão tão incríveis que valerão a pena!

Configuração do Altar da Fênix

Seu altar da Fênix está aqui para inspirar você a seguir sua voz interior, realizar seus desejos e manifestar a grandeza da Fênix que existe em seu próprio ser. Sempre que sentir confusão, frustração ou estagnação, recorra a este altar da Fênix para reencontrar o caminho certo.

Aqui estão algumas ferramentas relacionadas à energia da Fênix que você pode usar para decorar seu altar. Essas sugestões foram orientadas pela Fênix em uma canalização meditativa que realizamos para este livro. Sinta-se à vontade para acrescentar ferramentas que lhe sejam familiares ou quaisquer outras que tenhamos discutido. Lembre-se sempre de que a energia da Fênix é ousada, graciosa, corajosa e resistente.

Cristais da Fênix
Cornalina
Citrino
Ágata-vermelha
Calcita-laranja
Rubi

Cores da Fênix
Vermelho
Amarelo
Laranja
Dourado

Símbolos da Fênix
Penas
Fogo
Luminárias de sal
Lírio de Jeshanna

Oferendas de comida para Fênix
Bebidas ou frutas cítricas
Vegetais e folhas verdes
Doces vermelhos ou laranjas
Pimentas

Cartas de Tarô da Fênix
A Morte
A Temperança
A Roda da Fortuna

Crie uma cerimônia para homenagear a Fênix diariamente. Pode ser algo simples, como saudar seu altar todas as manhãs enquanto trabalha com a energia da Fênix, ou acender uma vela e falar uma intenção para o dia. Você pode ficar em frente ao seu altar e recitar os comandos, afirmações e mantras no final deste capítulo. Se quiser caprichar, também pode ser a personificação da Fênix: voe ou dance pela sala como se fosse uma poderosa e bela Fênix abrindo as asas.

Depois de terminar de montar seu lindo altar da Fênix, ative o altar chamando seu Guardião da Fênix usando as instruções da próxima seção.

Encontrando sua Fênix Guardiã

Esta bela meditação ajudará você a abrir suas asas intuitivas e conectar-se à sua Fênix Guardiã para ativar seu fogo interior e seu eu realizado. Após a introdução inicial à Fênix, você pode pedir ajuda a esse Guardião a qualquer hora do dia.

Reserve um momento para criar um espaço sagrado ou vá até seu altar. Toque sua música favorita, acenda sua vela preferida e, se quiser, tenha seu diário por perto para o caso de mensagens serem transmitidas diretamente a você. Crie um espaço que permita a ocorrência de um milagre. Lembre-se sempre de que, a qualquer momento, você pode convidar a energia e a magia da Árvore Mandarim para obter mais nutrição e apoio.

Respire fundo algumas vezes. Acalme seu corpo e sua mente. Em seguida, veja uma luz vibrante, laranja-avermelhada e ardente entrando na sala. Você sente uma sensação de calor pulsando em seu corpo. A cada inspiração e expiração, você começa a sentir o fogo da purificação em todo o corpo. As limitações, a falta, a programação que não está mais servindo ao seu sistema estão sendo brilhantemente queimadas por essa luz ardente.

À medida que essa luz envolve você, o véu se torna mais fino e sua Fênix Guardiã surge na janela, entrando em seu espaço e abrindo suas asas majestosas. Você sente sua presença; grande, ousada, emanando um imenso calor e amor.

A Fênix realizará uma jornada ao seu próprio e poderoso interior desconhecido, guiando você em uma viagem de volta ao passado. Nesses momentos tranquilos, ela permite que memórias essenciais com mensagens apareçam. A Fênix revela aspectos seus que sempre foram poderosos no passado e apresenta alternativas do que é possível. As mesmas memórias fluem novamente, mas desta vez é possível ver o poder e a coragem irradiando do seu interior.

Momento a momento, luzes vermelhas, laranja, amarelas e douradas são vistas infundindo sua linha do tempo, trazendo energia para as partes de você que estão prontas para ver seu passado sob uma nova perspectiva. Conforme as energias se ajustam e mudam, observe como você se renova a cada instante. Os momentos em que se via frágil se transformam com essa nova consciência, revelando o quão forte e capaz você era mesmo nessas ocasiões. A escuridão se dissipa de seus olhos e você começa a ver a verdade novamente – a verdade de seu poder, sua energia e sua luz. Com sua força ousada, a Fênix ajudou a ver claramente quem você realmente é.

A Fênix olha diretamente para você com a expressão mais calorosa de amor. Em seguida, ela orienta sua visão para o futuro e revela a melhor versão de você que está a sua espera. Essa versão toma ações inspiradas, diz coisas corajosas, realiza feitos audaciosos e ouve os sussurros da intuição que surgem. Sua nova versão desperta e se ergue como a abrasadora Fênix. É você em sua expressão mais plena e ousada. À medida que seu eu mais autêntico emerge, você abraça o fogo e o poder do momento e, ao mesmo tempo, rende-se suavemente a ele.

Gentilmente, a Fênix olha para você e lágrimas de alegria brilham em seus olhos. Ela percebe que agora você se vê do mesmo jeito que ela sempre viu. A Fênix sussurra que é possível receber insights dela a qualquer momento – ela é o fogo que vive em seu interior. Não há separação; ela é parte de você e você é parte dela. As luzes vermelhas, laranjas, amarelas e douradas se fundem em seu interior. Lembre-se das sensações e da energia dessa conexão sagrada e acesse-a sempre que desejar se conectar com sua Fênix Guardiã.

Você se vê despertando lentamente de seu estado sonhador e meditativo. Mexa as pontas dos dedos das mãos e dos pés e perceba que seu corpo está se aquecendo com a nova presença e energia do fogo da Fênix. Uma luz laranja e uma sensação de ousadia percorrem todo o seu corpo. Assim como a Fênix renasce das cinzas, você se renova. Sempre que retornar a esta meditação, uma nova versão sua, mais poderosa e atual, se apresentará.

Ao se encontrar nesse novo estado de clareza, anote sua experiência e todas as mensagens da Fênix. Você também pode alçar voo até o final deste capítulo e responder às perguntas da seção "Comandos de Ascensão da Fênix" para obter insights mais profundos.

Ritual da Fênix Ascendente

Antes de iniciarmos esse ritual mágico, queremos lembrar você de que o renascimento e a ascensão ocorrem a cada segundo, a cada minuto, a cada dia. Este ritual serve para ajudar a reconhecer e honrar todos os pequenos momentos que se somam a um período mais significativo e memorável, quando a sua mente consciente toma conhecimento da sua ascensão.

À medida que evoluímos, nossas intenções e pensamentos ditam o rumo de nossa vida. Com esse ritual, queremos que você possa se conectar à sua intuição e aos seus potentes desejos internos para criar a história da sua vida de forma ainda mais consciente. Não se trata mais do que as outras pessoas pensam ou querem – você vai manifestar sua realidade física da maneira que quiser e viver a vida que deseja. Confie que, ao estar aqui lendo estas palavras, você está no momento e lugar certos, em alinhamento com o que está por vir. Vamos nos erguer, majestosa Fênix!

Para se preparar para o ritual, primeiro você precisa se conectar com sua Fênix Guardiã usando a meditação da seção anterior deste capítulo. Depois disso, reúna estas ferramentas mágicas:

- Canetas vermelha, laranja e amarela
- Cristal de cornalina
- Desenho da Fênix ou imagem impressa

- Isqueiro ou fósforos
- Sua intenção (o que a conexão com seu eu central o ajudará a alcançar em sua vida)
- Um pequeno pedaço de papel
- Vela laranja

Limpe seu espaço sagrado e o altar da Fênix com um bastão defumador ou spray e prepare suas ferramentas mágicas para o ritual. Certifique-se de estar em um local livre de interrupções durante o ritual, que pode ser tão longo quanto desejar, dependendo do tempo que almeja permanecer na energia da Fênix e do tamanho da vela.

1. Sente-se em frente às suas ferramentas mágicas e ao seu altar. Segure a imagem da Fênix em seu Plexo Solar, bem na altura da barriga. Invoque sua Fênix Guardiã e peça ajuda para ativar sua bússola e conhecimento internos. Você pode imaginar ou sentir a chegada da Fênix ou talvez a sala fique mais quente. Leve o tempo necessário para conversar e se conectar à energia da sua Guardiã.
2. Quando sentir que se conectou à sua Fênix, coloque a imagem em frente à vela laranja.
3. Escreva sua intenção usando canetas laranja, vermelha e amarela. O que você quer alcançar depois de se conectar com o seu eu atualizado? Confie em sua voz interior e faça com que suas metas sejam luxuosas e exuberantes, como a Fênix!
4. Quando terminar de escrever sua intenção, dobre o papel em sua direção uma vez e coloque-o em cima da foto da Fênix. Coloque sua cornalina em cima do papel da intenção.
5. Agora é hora de acender a vela laranja. Imagine a energia da Fênix subindo dentro de você e diga sua intenção em voz alta enquanto acende a vela.
6. Seu ritual estará completo quando a vela terminar de queimar. Certifique-se de não deixar uma chama aberta sem supervisão. Durante esse tempo, sua energia e conexão com a Fênix serão

ampliadas, portanto, aproveite essa oportunidade para escrever um diário. Permita que as mensagens de seu eu central e de sua intuição inspirem orientações ou instruções que possam ajudar a manifestar sua intenção.

7. Quando a vela se apagar, coloque a imagem e a intenção da Fênix em seu altar para poder visitá-las todos os dias e lembrar-se de seu propósito. A cornalina é agora o seu talismã da Fênix – sempre que a vir ou tocá-la, sua conexão com a bússola interna se aprofundará ainda mais, permitindo que você tome decisões conscientemente a partir de seu interior em vez de ouvir o que as outras pessoas estão dizendo para você fazer.

Você pode recarregar seu cristal de cornalina e fazer esse ritual com uma nova intenção a cada mês. Continue construindo uma vida linda e repleta com o que você realmente deseja!

Ativações de Códigos Sagrados

A Fênix alimenta o fogo que já reside dentro de você, o tipo de chama necessária para dissolver e liberar máscaras, crenças, personalidades e identidades que limitaram sua expressão, baseadas nas ideias de outras pessoas sobre quem você é e quem deveria ser. O Mandamento da Fênix ativa um tipo de superpoder que faz lembrar a sua melhor versão e despertar a magia que às vezes está escondida. Volte a este Mandamento da Fênix toda vez que desejar desvendar as camadas e se lembrar da sua versão mais poderosa.

Mandamento da Fênix

“Brilhante luz da Fênix, como uma expressão direta do Divino, peço ousadia e coragem. Peço que eu seja capaz de me libertar de quaisquer padrões de energia, doenças, crenças, percepções errôneas, ideias limitadas, padrões de pensamento antigos, padrões de pensamento de vidas passadas e códigos antigos que possam estar me impedindo de acessar meu potencial mais elevado. Peço que todas as minhas células, pensamentos, emoções e ações mudem e se reorganizem para que a versão mais forte, mais ousada, mais autêntica e alinhada do meu eu poderoso possa aparecer na vida cotidiana. Agora estou em condições de assumir o controle da minha própria magia em todos os domínios e escolho ver do que sou capaz e qual é o meu maior potencial e expressão. Permita-me ser, expressar e aparecer da maneira que o Criador me criou. Que seja feita a sua vontade."

Mantras da Fênix

Escolha ou crie um Mantra da Fênix para se concentrar durante o dia, semana ou mês. Talvez você queira exibi-lo em seu telefone ou escrevê-lo em um cartão que possa ser visto com frequência. Pode recitar o mantra diante do espelho, repeti-lo durante uma caminhada ou ouvir uma gravação de áudio própria dizendo o mantra várias vezes. Sua voz é uma das coisas mais poderosas que se pode ouvir e pode aumentar ainda mais a eficácia do mantra. Você pode criar seu próprio Mantra da Fênix ou escolher um da lista a seguir:

- Sou forte e capaz como sou.
- As soluções e respostas simplesmente vêm até mim.
- Posso ousar e ocupar mais espaços.
- A criação flui por meio de minha voz, e eu posso ser ouvido.
- Minhas palavras tem o poder de criar.
- Minhas ações geram transformação.
- Todos os meus desejos são valiosos.
- Minhas intenções me guiam passo a passo.
- As pessoas me amam e me aceitam como eu sou.
- Eu me dou permissão para ser extremamente livre.

Use seu mantra quando precisar de mais animação e inspiração. Você pode acabar voltando a esses mantras em um mês (ou até mesmo em um ano), apenas para descobrir que os mantras têm uma nova camada de significado naquele momento. Conforme continua a brincar com cada novo pensamento ao longo do tempo, haverá um momento em que isso se tornará uma crença, totalmente aceita por você. Observe como evoluiu e cresceu em uma maneira totalmente nova de ser.

Comandos de Ascensão da Fênix

É hora de uma autoexploração mágica. Antes de refletir sobre essas instruções, reserve um momento para criar um espaço sagrado ou sentar-se em frente ao seu altar. Preparar seu espaço com flores, luz de velas e chá ou outra bebida sempre acrescenta energia e luz ao seu campo de intenção. Quanto mais energia colocar nisso, mais poder virá para você.

Em seguida, conecte-se com as partes mais profundas e íntimas do seu ser. Defina a intenção de permitir que seu eu mais selvagem e atualizado flua através de você – a parte criativa, musical e expressiva. Permita também que a pessoa que deseja ser flua através de você ao refletir sobre essas instruções. Talvez uma autodescoberta ajude a revelar aspectos desconhecidos anteriormente. Portanto, reserve um tempo para realmente se deleitar com essas expressões pessoais. Conecte-se com sua Fênix ao refletir sobre as perguntas a seguir:

1. Se fosse livre para criar sua vida exatamente da maneira que deseja, como seria? Imagine que você tivesse todo o dinheiro, todos os recursos e todo o amor e apoio de que precisa. Como seria esse mundo para você?
2. Se fosse possível por para fora todas as coisas que deseja dizer, qual seria a sensação? Quais são as conversas poderosas que se permitiria ter neste momento?
3. Se pudesse se permitir colocar em prática inteiramente as atitudes que deseja tomar, quais seriam elas? O que você comeria? Onde faria compras? O que faria? Como passaria o dia?

4. Quais são suas estratégias para proteger sua própria energia? Quando alguém discorda de você, como respeitá-lo e, ao mesmo tempo, permanecer firme em sua própria energia e em suas próprias crenças? O que precisa acontecer para que continue a criar sua vida seguindo seus próprios desejos?

Mensagem Canalizada pela Fênix

"Você nunca é demais. Seu propósito é ser deslumbrante, vibrante e incrível, e assim ocupar seu espaço. Seja plenamente quem você é."

— Fênix

Capítulo Quatro

O Dragão

Um pássaro não canta porque tem uma resposta.
Ele canta porque tem uma canção.
— Provérbio Chinês

SSSSHHHH! UM SOPRO DE FUMAÇA SAI DE UMA CAVERNA, ONDE RESIDE o magnífico Dragão e todos os seus tesouros. O Dragão Asiático é um ser encantador, com joias nos olhos e uma poderosa magia que pode levar seu enorme corpo pelo ar. Embora existam muitos Dragões de todo o mundo, cada um com características mágicas muito diferentes, neste capítulo, vamos nos conectar com os Dragões chineses. Esses seres reais e elementais, que representam prosperidade, sabedoria e proteção.

Quando recebemos a energia do Dragão em nossa vida, novos começos e possibilidades começam a se formar, dando-nos coragem para assumir riscos e dizer sim. Os Dragões são Protetores e Guardiões, e sempre nos ajudarão a encontrar a confiança de que precisamos para experimentar e cumprir nosso propósito de vida. Eles nos dão o poder de agir mesmo quando estamos com medo.

Na arte e nas histórias lendárias, o Dragão chinês é serpentino, tem pernas curtas e de três a cinco dedos, dependendo da raça. Os Dragões também têm escamas grossas, bigodes longos e peles luxuosas ao redor dos tornozelos, pescoço e cauda. Eles são tanto répteis quanto mamíferos. Esses Dragões não têm asas, mas têm a capacidade de deslizar pelo ar como se estivessem voando. Muitos dos Dragões da China são retratados com uma grande pérola entre a pata e a mandíbula. Há um importante desenho de insígnia chamado "Disco do Dragão" encontrado durante a Dinastia Qing (anteriormente conhecida como Ching), usado por um príncipe.[5]

Magia do Dragão

A Magia do Dragão é um portal para um poder extraordinário. Um dos tipos mais místicos de magia que temos à nossa disposição neste momento. A medicina do Dragão nos transforma de maneiras que talvez nunca compreendamos totalmente. Até mesmo a imagem do Dragão – disponível para nós em um mundo onde não podemos ver Dragões de verdade – revela a magia desse portal: uma magia tão poderosa que atravessa nossa dimensão. O simples ato de observar e pesquisar sobre Dragões abre portais adicionais de possibilidades para todos os aspectos de nós mesmos.

Sua aparição em tantas culturas antigas também nos lembra que há mais neste mundo do que sabemos ou entendemos atualmente, e que pode haver aspectos dele que ainda não foram vistos e descobertos. Mesmo as

---

5 Hayes, *The Chinese Dragon*, 21.

pessoas que dizem não gostar de magia se sentem atraídas pelo Dragão. Parte do mistério da vida e da existência é que não fomos feitos para saber tudo e, se tentarmos pensar ou acreditar que sabemos, sempre limitaremos nossas experiências em nossa própria vida. A diversão está no mistério de tudo isso! A Magia do Dragão é uma validação profunda disso.

O Dragão desperta nossa imaginação para que possamos ampliar e expandir nossas definições de vida e realidade. A própria existência do Dragão nos incentiva a sonhar mais alto e a sermos mais corajosos. A Magia do Dragão também nos estimula a lembrar o quanto somos capazes. Os filmes retratam o Dragão soltando fogo e queimando cidades inteiras, lembrando a cada um de nós que temos o poder de nos proteger.

Existe até mesmo magia com o ovo do Dragão. Como a maioria dos ovos, os de Dragão são símbolos de criação e vida. Além disso, o tamanho bastante grande do seu ovo, representa a abundância disponível para nós. A Magia do Dragão nos conecta a uma consciência de expansão e de ricas possibilidades.

História do Dragão de Samantha

Cada pessoa tem uma história especial sobre como encontrar nosso poder interior, e esta é a minha.

Os Dragões têm me protegido desde que me lembro. Mesmo quando criança, andando de carro, eu via os Dragões voando e se movimentando entre as nuvens, mantendo-me segura no meio do trânsito. Eu via a chama de luz dourada saindo de suas bocas e os via brincar, dançando para frente e para trás no espaço. Quando me mudei para Xangai, na China, pude ver o Dragão com ainda mais clareza. Eu os sentia balançando e rodopiando nos metrôs, impulsionando as pessoas e mantendo todos em segurança. Eles são seres tão bonitos, brincalhões e majestosos; amorosos em todos os sentidos.

Eu me mudei para Xangai, na China, no verão de 2005, depois de me formar em bioquímica na *Whittier College*. Enquanto estive na China, estudei Acupuntura, Fitoterapia e Medicina Chinesa por mais de cinco anos. Embora houvesse muitas partes bonitas em estudar lá, sentia que algo essencial estava faltando para mim pessoalmente. Eu buscava mais profundidade, mais espiritualidade e uma maior conexão com a força vital pulsando em mim e no meu trabalho. Enquanto parte de mim considerava continuar meus estudos e concluir minha graduação, outra parte sabia que o que eu ansiava profundamente era algo totalmente diferente.

Certa noite, meditei no chão da sala de estar da minha casa em Nanjing Xi Lu, uma das ruas mais badaladas de Xangai. Ao ouvir o zumbido dos carros passando por mim, aquietei minha mente e me permiti entrar nas partes mais profundas e escuras de mim e do Universo. Senti e vi uma luz divina brilhante e radiante que eu sabia ser a luz da criação. Naquele momento, percebi que não havia um único lugar no Planeta do qual o cosmos não fizesse parte. Vi isso com muita clareza. Também senti os Dragões me protegendo e me mostrando meu novo caminho. Eu me vi saindo da Universidade de Medicina Chinesa que estava frequentando e acordei na manhã seguinte sabendo exatamente o que precisava fazer.

A essa altura, eu já tinha me tornado muito proficiente em minhas práticas de Reiki, Hipnose e Técnicas de Liberdade Emocional, que eram ensinamentos que eu havia encontrado e estudado fora da Universidade. Eu sabia que havia encontrado uma frequência de cura que era mais rápida e eficiente para mim do que a que eu estava aprendendo na Universidade de Medicina Chinesa, e era hora de seguir em frente. A sensação de força vital que eu desejava estava sendo encontrada em escolas de mistérios que eram muito diferentes do que eu esperava. Em minha prática de cura, eu podia enviar energia para meus clientes a três metros de distância e observar seus corpos se ajustando. Eu sabia que estava no caminho de algo especial e queria muito seguir essa nova trilha.

Sentindo-me amada e cercada por meus Dragões Protetores, liguei para minha orientadora na Universidade e informei que havia decidido interromper meus estudos. Ela ficou muito perplexa.

Disse que só me restava mais um mês, além de um exame fácil. Eu disse a ela que entendia, mas que já tinha terminado e que iria seguir em frente de qualquer maneira. Havia uma energia ardente de Sagitário dentro de mim que sabia que essa era a minha verdade. Imediatamente após desligar o telefone com ela, a estante com todos os meus livros da Escola de Medicina Chinesa desabou. Era a única estante que tinha livros de Medicina Chinesa. Eu sabia que isso era um sinal de que havia tomado o caminho correto. Encaixotei todos os meus livros e os doei para a escola naquela mesma semana. Eu estava desejando mistério e magia, e precisava de tempo para explorar um novo caminho para mim. Era essencial para meu corpo, mente e espírito que eu desse novos passos ousados e corajosos para encontrar o que estava genuinamente e poderosamente alinhado para mim. Eu não conseguia explicar logicamente o que estava acontecendo, mas sabia, no fundo do meu corpo, que essa era a escolha certa para mim.

Minha jornada nos estudos esotéricos começou numa noite enquanto eu fazia minha caminhada vespertina. Olhei para a lua e as estrelas e disse a mim mesma: "Deus, Cosmos, se vocês são reais, mostrem-me um sinal. Mostrem-me que tudo isso importa e que o que estou fazendo importa. Preciso ver a verdade e o significado mais profundo de tudo isso. Toda a existência. Mostrem-me". Foi como se eu tivesse aprendido a rezar diretamente para o Cosmos pela primeira vez. No dia seguinte, como se os Dragões tivessem me levado em um caminho rápido para novos potenciais mundiais, fui guiada a um professor atrás do outro. Meu melhor amigo perguntou se eu já tinha ido a um canalizador. Na época, eu nunca tinha ouvido falar de um, então fui a uma pequena loja esotérica, que também era uma escola chamada *Frank'n'Sense*. Todas as semanas eles convidavam professores de todo o mundo e eu me inscrevi em todas as aulas, mesmo que elas fossem muito caras para mim na época. Minha alma estava me guiando, e eu tinha que seguir sua direção. Quando esse universo se abriu para mim, não havia como voltar atrás. Eu tinha que continuar buscando o que mais estava disponível nesse mundo mágico.

Levou vários anos para minha mãe entender essa mudança, mas foi uma das melhores decisões que já tomei em minha vida. Mesmo naquele momento, enquanto isso acontecia, lembro-me de ter dito a mim mesma que um dia escreveria isso em um livro, que serviria de inspiração para que outras pessoas soubessem que elas também podem se afastar de algo, mesmo que tenham investido nisso por muito tempo. Quando sua alma o orienta em uma nova direção, essa é a sua permissão para dar o salto.

Sei que se eu tivesse me dado permissão para explorar meu poder mais cedo, teria tomado essa mesma decisão muito antes. Demorei vários anos para realmente ouvir meu desejo genuíno, até que o Dragão me deu tanta energia, que finalmente pude ouvir o pedido do meu espírito, e eu o escutei. Confie que o Dragão acompanhará você em cada passo do caminho. Basta pedir, e seu protetor chegará na hora certa para estar ao seu lado. Apoiar você é a maior alegria do Dragão. A força e o poder do Dragão são imensos, assim como os seus.

História do Dragão de Pamela

A história de encontrar minha magia interior e ser capaz de voar livremente, como o majestoso Dragão, começou logo antes de eu me mudar para Las Vegas, em 2005. Essa também foi a época em que fui chamada para me concentrar mais em minha jornada espiritual e explorar e aprender sobre diferentes modalidades de cura. Só muito mais tarde é que compreendi como esse período foi extremamente potente e gratificante para mim. As decisões que tomei durante esse período foram o que me levaram até onde estou agora. Se o Dragão não tivesse estado comigo, não sei se estaria aqui escrevendo este livro e ensinando sobre magia. Vou lhe dizer por quê.

Eu não tinha planejado me mudar do Havaí. Eu adorava os vários empregos que tinha lá e me divertia muito saindo e festejando com meus amigos. No entanto, meu contrato de aluguel estava vencendo e, como o Havaí é muito caro, eu não conseguia encontrar outro lugar para morar que fosse acessível. Com o incentivo dos meus amigos e colegas de trabalho, tomei a decisão em um segundo de me mudar para o outro lado do Oceano Pacífico, para o lugar que os havaianos chamam de "A Nona Ilha": Las Vegas.

Não conseguir encontrar um lugar no Havaí foi muito estressante. Eu sabia que a mudança para Las Vegas era a coisa certa para mim e sabia que ficaria bem, mas foi preciso muita Magia do Dragão para que eu fizesse essa escolha, especialmente porque eu tinha apenas duas semanas para decidir sobre essa grande transição. Com o apoio de meus poderosos Guardiões, tomei uma atitude alinhada com as mensagens que havia recebido e estou morando em Las Vegas desde então.

Naquela época, eu era uma novata em magia, portanto, dar o salto foi ainda mais assustador; agora sei que seguir a orientação intuitiva sempre funcionará a meu favor. Quando olho para trás, vejo que tomar essa atitude mudou toda a minha vida. Quando me mudei para Las Vegas, fui chamada aleatoriamente para ir sozinha a uma feira holística. Não tinha nenhuma razão lógica para ir, mas meu interesse na feira era semelhante ao desejo de me mudar para Las Vegas, então fui. Na feira, conheci meu primeiro médium e mentor de Reiki, que me iniciou nesse caminho mágico. Tudo continuou a se desenrolar lentamente para mim nos anos seguintes e me levou até onde estou hoje. Veja bem, a magia e o conhecimento que tenho agora não foram algo que me ensinaram enquanto eu crescia ou algo que manifestei como parte de um despertar espiritual. Tudo aconteceu passo a passo: tive aulas, li livros e aprendi com mentores incríveis ao longo dos anos.

Alguns anos depois de me mudar para Las Vegas, tive um pequeno colapso e precisei recorrer novamente ao meu Dragão Guardião para uma cura mais profunda. Fazia algum tempo que eu não trabalhava com o Dragão, pois a vida andava muito agitada e eu não precisava trabalhar com ele especificamente. Naquele dia, porém, algo se acendeu em mim e eu soube que a vida que eu estava vivendo, que incluía bebida e festas, não era a que eu deveria viver. Depois de me conectar com meu

Dragão por meio de uma jornada de meditação, recebi a mensagem para continuar. Fui além e pedi orientação específica sobre o que eu precisava fazer como parte desse processo. Ao me conectar novamente com a Magia do Dragão, percebi que, independentemente das escolhas que eu fizesse, eu estaria protegida, e que a sabedoria que eu buscava me seria mostrada quando eu escolhesse viver em alinhamento com quem eu realmente era. Para mim, isso significava que eu precisava me permitir explorar novas oportunidades e me colocar no mundo se quisesse criar uma nova vida.

Com essa sabedoria sempre presente em minha mente, continuei tentando coisas novas, inclusive obtendo certificações em modalidades de cura e aprendendo a criar um negócio on-line. Comecei a confiar em cada passo da maneira bela e solidária com que minha jornada estava se desenrolando. Não acho que fiz a escolha de parar de festejar – simplesmente aconteceu. Eu não estava mais alinhada com aquela versão de mim, porque estava muito concentrada em meu verdadeiro eu e em meu desenvolvimento espiritual.

Desde então, voltei a usar a Magia do Dragão sempre que necessário, e sempre com excelentes resultados. Agora, incorporo o que ensino e vivo minha magia diariamente, e sei que a Magia do Dragão pode levar qualquer pessoa que peça a uma vida de realização.

Como Montar seu Altar do Dragão

Seu Altar do Dragão é um espaço poderoso para desenvolver e promover o magnetismo e a proteção. É um recipiente sagrado que contém sua energia radiante e seu carisma. O Altar do Dragão tem sabedoria flutuando no ar, pronta para ser capturada e incorporada por você.

Aqui estão algumas ferramentas relacionadas à energia do Dragão que você pode usar para decorar seu altar. Essas sugestões foram orientadas pelo Dragão em uma canalização meditativa que realizamos para este livro. Sinta-se à vontade para acrescentar ferramentas que lhe sejam familiares ou quaisquer outras que tenhamos discutido. Lembre-se sempre de que a energia do Dragão é majestosa, decisiva e imponente.

Cristais do Dragão
Rubi
Pirita
Esmeralda

Cores do Dragão
Vermelho
Dourado
Branco

Símbolos do Dragão
Fogo
Joias
Pérolas

Oferendas de comida para o Dragão
Os Dragões não são exigentes – tudo o que for oferecido serve. Mas eles gostam de doces!
Bolos de Mel
Chocolate amargo
Cookies
Torta
Cidra

Cartas de Tarô do Dragão
O Mago
O Hierofante
O Imperador

Crie uma cerimônia para homenagear o Dragão diariamente. Os Dragões adoram ouro e fogo, portanto, se você puder acender uma vela ou jogar algumas moedas de ouro (moedas de ouro de chocolate também servem) em seu altar, eles apreciarão as oferendas. Ao cumprimentar seu Dragão, certifique-se de declarar suas intenções ou mantras com poder – eles adoram conceder desejos que são ditos com uma voz de comando. Para incorporar a energia do Dragão, deite-se no chão e imagine que está nadando em uma pilha de ouro, esticando os braços como se fossem asas.

Depois de terminar de montar o seu potente Altar do Dragão, ative o altar chamando o seu Dragão Guardião usando as instruções da próxima seção.

Encontrando seu Dragão Guardião

Respire fundo algumas vezes. Acalme seu corpo e sua mente. Encontre-se em seu próprio espaço mágico. É hora de conhecer seus Dragões Guardiões. Sinta um nível de alegria ao mergulhar na meditação.

Luzes brancas e douradas entram na sala. Em sua mente, essa doce luz envolvente permite sentir o aconchego da Árvore Mandarim visível pela janela. Um vento suave sopra em seu rosto e você ouve o farfalhar das folhas. Dois Dragões, Guardiões e Protetores, entram na sala. As escamas lisas e o pelo macio deles giram ao seu redor, proporcionando uma sensação de acolhimento pelo imenso poder, amor e charme que emanam. Eles estavam ansiosos para se apresentar a você. Os Dragões estiveram com você durante toda a sua vida, brincando em segundo plano. Eles estavam pacientemente esperando serem convidados a entrar.

Esses Dragões têm uma aparência jovem, mas irradiam uma sabedoria majestosa devido à sua idade avançada. O brilho que emana deles revela sua leveza, capaz de transformar toda matéria, mesmo após passarmos por momentos profundos e sombrios. Seus pelos se eriçam quando os Dragões passam, e o amor que eles emanam é de uma frequência tão alta, que parece transcender este mundo.

O Dragão Dourado convida você a sentar-se em suas costas, enquanto o Dragão Branco acena para segui-lo. Você pula nas costas do Dragão Dourado, que segue o Dragão Branco, enquanto eles sobem ao céu. Juntos, vocês voam pelas nuvens e atravessam o véu dourado entre este Universo e o próximo.

Vocês seguem para outro mundo. Ao passar por camadas de luz opaca do arco-íris, finalmente chegam ao Mundo dos Dragões, repleto de prados verdejantes, arco-íris e cachoeiras. A luz brilha sobre a terra. Você vê muitos Dragões nesse mundo encantado. Vê também o Grande Templo Dourado de Luz. Os Dragões Brancos e Dourados levam você diretamente ao palácio do templo.

Quando aterrissa, você se depara com um banquete maravilhoso à sua espera. Ali estão todos os seus Dragões Guardiões e Protetores, ansiosos para estabelecer uma conexão pessoal e conhecer melhor você.

Entre eles está o Dragão de Bronze e outros de várias cores, cada um com sua própria sabedoria única, prontos para despertar seus sentidos.

Você sente o calor familiar e o imenso amor dos Dragões. Eles convidam você a sentar-se à mesa, onde compartilham comida, bebida e risos. Você percebe como tudo está maravilhosamente preparado, enquanto as cores e as fragrâncias estimulam todos os seus sentidos. Em seguida, cada Dragão lhe dá um presente, uma poção ou um elixir; isso é algo que você pode absorver enquanto fala com os Dragões.

O Dragão Azul-celeste lhe dá o elixir da vida. Essa poção despertará seus sentidos e ajudará a ver a exuberância que os Dragões sentem e veem. As cores em seu universo se iluminarão.

O Dragão de Bronze presenteia você com a magia do reconhecimento por seu próprio brilho. "É seguro ser visível e brilhante sem motivo algum", diz ele, sorrindo para você.

O Dragão Dourado lhe dá a poção da visão, que lhe ajudará a ver e a sentir o amor, mesmo quando isso for difícil. O amor está sempre presente, e essa poção do sol faz você lembrar-se disso.

O Dragão Branco lhe dá um lenço de seda macio. Esse é o presente da suavidade do feminino. A suavidade e a gentileza trarão proteção quando você menos esperar.

Dragões e mais Dragões chegam com presentes exclusivos, inundando você com todo o amor do Universo. Lágrimas podem escorrer pelo seu rosto ao sentir a imensa magia que emana dos Dragões Guardiões e Protetores. Você verá que todos estão repletos de ofertas generosas, apenas esperando para lhe dar uma chuva de presentes.

Cada Dragão lhe dá um beijo na testa como uma forma de selar todos os presentes e convidam você a visitar a terra deles sempre que desejar. Eles compartilham, com alegria, que estão tão próximos quanto um piscar de olhos. Quando você se sintoniza com a energia dos Dragões, tem acesso direto à sua presença. Você percebe o amor deles ao seu redor, um tipo de amor imensamente poderoso e fora do comum. Intuitivamente, suas mãos encontram o caminho para o seu coração e você abraça totalmente essa nova frequência energética.

Você toca as escamas do Dragão Dourado e monta em suas costas mais uma vez, voando com o Dragão Branco através da luz difusa do arco-íris de volta ao seu Universo e ao seu espaço doméstico. Os Dragões abraçam você calorosamente e sopram ar dourado em seus pulmões. Eles lhe dizem que estão sempre com você e que pode pedir a eles um impulso de poder ou magia a qualquer momento. Os Dragões serão sempre seus aliados, estando poderosamente ao seu lado. Você sabe que nunca mais será a mesma pessoa que chegou ali.

Ao voar de volta para o seu corpo, você percebe a subida e a descida do seu peito com a respiração. Sinta o calor nas pontas dos dedos das mãos e dos pés. Perceba a sensação do sangue fluindo em seu corpo. Há uma paz interior e uma felicidade que se agitam suavemente dentro de você. Uma nova consciência de pertencimento e de um amparo profundo revela o sentimento mágico dos Dragões, criando a sensação de estar em um casulo de amor. Você sempre foi uma pessoa amada, querido ser. Receba esse carinho profundo e um cuidado maravilhoso de toda a criação, agora, essa magia está ainda mais fortemente ancorada em você.

Ritual do Dragão Voador

Os Dragões do Oriente deslizam poderosamente pelo ar sem asas. Eles nos lembram de que não se trata do que temos por fora – é o que cultivamos por dentro que faz a diferença. Este Ritual do Dragão Voador desbloqueará superpoderes ocultos que podem ajudar a atingir suas metas. O que você está ativando é sabedoria, energia e magia que podem guiar seu caminho para o sucesso. Lembre-se de que tudo o que está procurando externamente já está presente internamente. Os Dragões ajudarão a desbloquear seus dons inatos.

Antes de iniciar este ritual, pense em uma pergunta que gostaria de ver respondida. Concentre-se em uma questão de cada vez; você sempre pode fazer esse ritual várias vezes com perguntas diferentes. Para melhor entendimento em sua jornada mágica, não faça perguntas de sim ou não aos Dragões. Em vez disso, faça perguntas fortalecedoras, como "Quais ações inspiradas posso realizar para alcançar meus objetivos?" ou "O que posso mudar ou alterar para alcançar minhas intenções?"

Para se preparar para o ritual, primeiro você precisa se conectar com o seu Dragão Guardião usando a meditação da seção anterior deste capítulo. Depois disso, reúna estas ferramentas mágicas:

- Caneta
- Fio ou barbante branco
- Isqueiro ou fósforos
- Um envelope onde caibam sua foto e a joia
- Um peça de joalheria que você possa usar ou guardar diariamente
- Uma foto sua
- Vela branca

Limpe seu espaço sagrado e o Altar do Dragão com um bastão defumador ou spray e prepare suas ferramentas mágicas para o ritual. Certifique-se de estar em um local livre de interrupções. O ritual pode ser tão longo quanto quiser, dependendo do tempo que deseja permanecer na energia do Dragão e do tamanho da vela.

1. Pegue sua foto e envolva-a cuidadosamente com fio branco até que esteja completamente coberta. Durante esse processo, fortaleça sua pergunta. Você pode pensar nela ou formulá-la em voz alta, conforme preferir.
2. Quando a foto estiver completamente coberta, amarre o fio ou enfie-o embaixo do outro fio para que ele permaneça no lugar.
3. Ao refletir sobre sua pergunta, pense em uma palavra de poder que gostaria de invocar, uma energia para ajudar em sua missão. Pode ser algo simples, como sabedoria ou abundância, por exemplo. Escolha uma palavra que ressoe com você e escreva-a no envelope.
4. Coloque a foto coberta com o fio dentro do envelope. Acrescente também a joia escolhida e, em seguida, feche o envelope. Segure o envelope junto ao coração e imagine uma luz dourada irradiando

para dentro dele à medida que você ativa sua palavra de poder e troca energias. Veja essa luz dourada entrar no espaço do seu coração ao inspirar e imagine a luz entrando no envelope ao expirar. Faça isso quantas vezes quiser. Quando terminar, coloque o envelope em frente à vela em seu altar.

5. Acenda a vela e diga: "Dragão do Leste, venha até mim. Eu lhe faço (pergunta) e peço que ative a magia e o poder dentro de mim para invocar (intenção). Gratidão,gratidão, gratidão. E assim será."
6. Junte as palmas das mãos em posição de oração. Mantenha-as sobre o coração e imagine o pior resultado possível de seu objetivo. Incline-se realmente para isso. Depois, imagine um sopro de fogo dos Dragões queimando tudo. Em seguida, imagine seu resultado ideal. Deixe seu Dragão guiar você para um futuro perfeito. Lembre-se de cada detalhe do que está vivenciando, incluindo o que está vendo, ouvindo e sentindo. Quando terminar de visualizar o futuro inevitável, abra os olhos e escreva.
7. Seu feitiço estará completo quando a vela terminar de queimar. Certifique-se de não deixar uma chama aberta sem supervisão. Durante esse tempo, sua conexão com o Dragão será ampliada. Use essa oportunidade para escrever um diário e permitir que as mensagens do seu eu central e da sua intuição inspirem orientações ou instruções que possam ajudar você a manifestar sua intenção.

Quando a vela terminar de queimar, abra o envelope e retire seus dois itens. Desembrulhe o fio de sua foto e sinta a energia se expandir a cada desembrulhada. A foto é um lembrete de que você é capaz de criar e tem as respostas para tudo o que procura. Coloque essa foto no Altar do Dragão ou debaixo do travesseiro até atingir sua meta ou até estar em condições de iniciar uma nova meta. Pegue a joia e mantenha-a com você para ter sorte, orientação e bênçãos. Você descobrirá que as oportunidades aparecem das maneiras mais inesperadas. Sempre que quiser, você pode recarregar a joia no seu Altar do Dragão ou infundi-la com nova magia para outra meta quando terminar este trabalho.

Ativações dos Códigos Sagrados

O Dragão está ao seu lado para acelerar e ampliar o poder de sua energia e de suas criações. Nos momentos em que você se sentir inferior e invisível, invoque o Dragão, ele aumentará seu amor, sua energia e sua luz. A bondade dentro de você será amplificada e sentida pelas pessoas ao seu redor para que você possa criar o impacto que deseja e ter reconhecimento pelo seu verdadeiro valor. Use o Mandamento do Dragão para ampliar seu poder. Saiba que o amor do Dragão é imenso e que essa energia se irradia ancestralmente e em linhas de tempo futuras.

Mandamento do Dragão

"Ativando o poder do Dragão, como uma expressão direta do Divino, peço para acessar um poder e uma força inimagináveis em meu ser. Uso esse poder para trazer o que há de melhor para mim. Uso essa força para trazer luz e bondade ao meu mundo e ao mundo dos outros. Peço para dissolver e me libertar de todos os pensamentos que distorcem minha compreensão do poder puro e iluminado. Peço que novas percepções e entendimentos sejam transferidos de forma a criar situações em que todos saem ganhando. Invoco minha bravura mais profunda e minha coragem mais ousada de todos os reinos. Aceito minha luz e meu dom divinos de criar poder e amplificar o poder de uma forma positiva que gere e crie bondade para todos. Peço sabedoria para usar sabiamente esse poder para a criação de luz em todas as áreas do meu universo e do universo dos outros."

Mantras do Dragão

Sua voz é um dos mais poderosos instrumentos de criação que possui. Ao dizer novas palavras e novas frases repetidas vezes, você começa a criar novos padrões de pensamento. Esses novos padrões começam a remodelar as conexões neurais em seu cérebro. Ao treinar-se para ter pensamentos de frequência mais elevadas, você começa a criar experiências de frequência mais alta em seu universo. Crie uma gravação dizendo essas frases. Reproduza-as repetidamente até que, juntas, elas se tornem sua nova realidade.

- Aceito e desfruto do poder que existe em mim.
- É seguro para mim ser uma pessoa poderosa e confiar em meu poder interior.
- Meu poder beneficia a mim e às pessoas ao meu redor.
- Consigo permanecer em meu poder, mesmo quando estou perto de outras pessoas poderosas.
- Meu estilo de poder é exclusivo para mim.
- Meu poder pode ser usado para criar coisas realmente incríveis em minha vida e na vida de outras pessoas.
- Sinto-me uma pessoa segura e confortável com meu poder.
- Opto por usar o poder que surge em mim com sabedoria e amor.
- O poder que corre em mim é um presente do Universo e eu o aceito plenamente.
- As coisas que crio são poderosas.

Comandos de Ascensão do Dragão

É hora de se aconchegar e mergulhar fundo em seu mundo interior. Pegue sua bebida favorita, talvez você queira colocar algumas flores ou cristais ao seu lado. Se houver algo poderoso do qual você gostaria de lembrar, sinta-se à vontade para colocar um símbolo dessa consciência em seu altar para que a energia possa ser amplificada.

Entre em um espaço onde você possa se conectar profundamente com suas partes mais sagradas e pessoais. Esse é um momento entre você, o Criador e os seus Dragões Guardiões. Quanto mais intencional for com esses estímulos de ascensão, mais poderosos eles serão. Você poderá descobrir novos aspectos de quem é. Se uma pergunta não mencionada surgir, permita-se respondê-la. Confie na conexão fluida com o Espírito. Há sempre orientação disponível em todos os momentos.

1. Se você soubesse que seu poder faria o bem e que poderia expressá-lo à sua maneira, como usaria esse poder?
2. Como sua mãe, seu pai, professores ou adultos em sua vida usavam o poder quando você estava crescendo? Que exemplos servem para você? Que histórias e exemplos não servem? Como você é capaz de criar sua própria maneira feliz de usar seu poder?
3. Se você realmente acreditasse em seu próprio poder, o que criaria?
4. Caso realmente acreditasse em seu poder, do que se afastaria?
5. Se verdadeiramente acreditasse em seu poder, o que pediria ao Universo para enviar a você?

Mensagem Canalizada pelo Dragão

"Pelo Selo Imperial do Universo, você é e sempre foi agraciado com o dom do poder iluminado. Seu poder foi criado para ser usado e expresso exclusivamente por você, para seu puro prazer. Você é livre para confiar que seu poder será usado para o bem no mundo e que nós estaremos com você, guiando cada passo do seu caminho."

– Dragão

Capítulo Cinco

O Sapo da Sorte

O imperador é rico, mas não pode
comprar um ano a mais.
– Provérbio Chinês

O Sapo da Sorte está sempre no caminho da riqueza. Com três pernas poderosas, este ser mágico pode pular para o futuro e colapsar o tempo para nos ajudar a alcançar nossos objetivos. As três pernas do Sapo da Sorte representam o passado, o presente e o futuro. Esse sapo adora estar na energia da prosperidade e recompensará aqueles que vibram na mesma frequência. Quando você estiver em sintonia com a energia do Sapo da Sorte, possibilidades e oportunidades aparecerão bem na sua frente. Essas ocasiões, mais impressionantes do que você poderia imaginar, podem levar a uma abundância de dinheiro. Talvez você tenha de dar alguns saltos para chegar lá, mas no final valerá a pena.

Um mito chinês que nossos avós e pais nos contaram quando estávamos crescendo diz que, se alguém vir um sapo pulando perto de uma casa ou empresa em uma lua cheia, significa que essa pessoa terá sucesso e boa sorte. No entanto, nossa história favorita sobre o Sapo da Sorte é que ele é um dos animais companheiros dos "Imortais" (outro nome para Deus ou Deusa em chinês). Dessa forma, o Sapo da Sorte concede riqueza financeira ao lar.

No Japão, você encontrará muitos porta-moedas de sapo à venda. Em japonês, a palavra *Kaeru* tem um duplo significado: pode significar "voltar para casa", mas também significa "sapo". Portanto, acredita-se que, ao carregar dinheiro em um porta-moedas de sapo, ele está sendo instruído a voltar para casa rapidamente e com alguns amigos! O Sapo da Sorte é definitivamente um símbolo divertido e um amuleto de boa sorte para todos.

Não é de surpreender que o Sapo da Sorte, também conhecido como "Sapo da Prosperidade ou Sapo do Dinheiro", *Jin Chan*, seja um símbolo popular do Feng Shui, um sistema chinês que garante um bom fluxo energético e convida à prosperidade em um espaço. É uma ferramenta que muitas pessoas das culturas asiáticas utilizam para atrair abundância, sorte e saúde, embora também seja usada por outras culturas. (Falaremos mais sobre o Feng Shui no capítulo 11.) Dito isso, há algumas coisas que uma estatueta do Sapo da Sorte deve ter para atrair coisas boas para uma casa. Primeiro, o Sapo da Sorte deve ter uma moeda na boca e estar elevado; geralmente sentado em uma pilha de moedas, ouro ou dinheiro. Em segundo lugar, o Sapo da Sorte deve ter um pouco da cor vermelha ou estar sentado em cima de algo vermelho, como um envelope nessa cor, para ser ativado; você pode escolher qualquer item vermelho que lhe agrade.

Também é aconselhável que o Sapo da Sorte seja colocado no canto mais à esquerda do cômodo ou da casa, que é o canto da prosperidade no Feng Shui. Isso estimulará o Sapo da Sorte a trazer mais riqueza. Lembre-se de que este amuleto nunca deve ser colocado no banheiro, no quarto ou na cozinha.

Uma coisa a ser observada é que a maioria das pessoas acredita que querer e ter mais dinheiro está relacionado à ganância, o que, na maioria das vezes, está apenas ilustrando sua própria programação passada de outras pessoas ou eventos. Essa mentalidade pode resultar no afastamento da abundância. A verdade é que o dinheiro não transforma você em nada – em vez disso, ele aprimora quem você é. Por exemplo, se for uma pessoa gananciosa, vai se tornar mais gananciosa ainda. Se for uma pessoa compassiva e atenciosa, o dinheiro ampliará isso. Se você manifestar uma enorme quantidade de dinheiro depois de se conectar com o Sapo da Sorte, receberá reações diferentes das pessoas. Amigos e familiares poderão ficar feliz e apoiar você, ou poderão dar um feedback negativo. Não leve a sério as reações de inveja dos outros; é provável que essa seja uma reação causada por seus próprios problemas pessoais com relação a dinheiro ou até mesmo por uma programação subconsciente do passado.

Para se proteger, peça ao Sapo da Sorte que envolva você com uma luz dourada que bloqueie energias negativas e permita apenas a entrada de energias positivas. Também não é necessário compartilhar informações sobre sua riqueza com o público – Você pode manter isso reservado ou talvez encontrar um novo grupo de pessoas que tenham uma mentalidade de abundância como a sua. O dinheiro é uma medida do nosso sucesso, às vezes, até um reflexo de nosso crescimento espiritual. Se você começou a próxima etapa de sua jornada mágica, talvez seja preciso deixar para trás outras pessoas que não apoiam o caminho que escolheu seguir. Envie a todos energia amorosa e muita Magia do Sapo da Sorte e depois siga em frente.

Magia do Sapo da Sorte

A Magia do Sapo da Sorte representa os poderosos saltos de fé que vivem dentro de cada um de nós. Essas faíscas cósmicas nos lançam em direção à expansão e a dizer sim às coisas que nos libertam de limitações e construções sociais. Essa energia é o poder interior que nos orienta a abrir portas para novas possibilidades e potenciais. É também a voz silenciosa (às vezes, a voz alta!) dentro de nós que nos encoraja a assumir riscos e a confiar que o Universo nos alcançará. O Sapo da Sorte é um lembrete de que estamos seguros e somos guiados a cada passo do caminho, e que a expansão e a criação estão sempre disponíveis para nós.

Essa energia de salto de fé é uma sabedoria inata dentro de nós, que compreende o poder do prazer, da diversão e da confiança. Essa é a Magia do Sapo da Sorte. Saltando de um momento místico para o outro, ele inspira espontaneidade e criatividade. É nos momentos de alegria e coragem que surgem os golpes de gênio dentro de nós. O Sapo da Sorte está presente quando o desejo de criar supera o medo do fracasso.

A sociedade nos programou para jogar pelo seguro e fazer as mesmas rotinas repetidamente, embora isso muitas vezes sufoque nosso espírito e atrase nossa evolução. O Sapo da Sorte está aqui para nos lembrar de que há maneiras mais inspiradoras de viver quando damos corajosos saltos de fé para seguir nosso coração. Toda a criação está disponível para nós. Confiar em nossa orientação interior nos leva a uma versão da vida ainda mais exuberante e abundante do que podemos imaginar. O Universo quer que todos nós nos deleitemos com brincadeiras e prazeres.

O Sapo da Sorte nos lembra que temos uma intuição espiritual embutida em nossa própria existência. À medida que afinamos nossos sentidos sutis e aprendemos a ouvir as exclamações internas de alegria, sentimos e vemos que essa orientação e intuição estão disponíveis para nós a cada passo do caminho. Pode não ser lógico em todos os momentos, mas essa orientação está nos empurrando para uma realidade ainda mais alegre e divertida. As coisas nem sempre são o que parecem ser. Ao aprendermos a ouvir a sabedoria inata do corpo, descobriremos que as riquezas são abundantes e estão disponíveis agora! Esse é o poder do Sapo da Sorte.

História do Sapo da Sorte de Samantha

O dinheiro costumava ser um assunto delicado em minha família. Vi o tema do dinheiro gerar tanto estresse em meus familiares, resultando em tantas decisões que não me davam poder, que dediquei vários anos da minha vida ao estudo da riqueza e da opulência para poder libertar a mim mesma e aos outros desse emaranhado energético. Acredito que é por isso que fui inspirada a me tornar uma *coach* de riqueza e ensinar as pessoas sobre a lei da abundância crescente e como fortalecer sua energia de força vital para gerar mais dinheiro. Mas isso não quer dizer que sempre foi fácil.

Meus momentos mais difíceis financeiramente foram os dois anos depois que me mudei de Xangai, na China, para Vancouver, Washington. Em 2011, voltei para casa para ficar com minha família e senti que precisava reiniciar meus negócios completamente. Enquanto morava em Xangai, eu tinha um consultório bem-sucedido e lotado, onde compartilhava serviços de Reiki, Técnicas de Liberdade Emocional, hipnose e acupuntura. Cheguei até a aparecer em algumas revistas e me vi dando palestras para multidões de até três mil pessoas. Essas situações pareciam me encontrar. Eu conseguia ganhar facilmente de seis a oito mil dólares por mês, o que era uma grande conquista para mim na época.

Entretanto, quando voltei para Washington, tive muita dificuldade. Voltei a cobrar vinte dólares por sessão e, mesmo assim, quase não tinha agendamentos. É como se, ao voltar para minha cidade natal, todas as minhas crenças financeiras antigas e limitantes tivessem voltado correndo para me lembrar de onde eu tinha vindo. Eu sentia muito medo e ansiedade em relação ao tema dinheiro o tempo todo. Eu sabia que precisava mudar e, felizmente, o Sapo da Sorte estava lá para me orientar.

Eu estava pronta para levar meu negócio para o próximo nível, então aluguei um pequeno espaço para atender clientes em um estúdio de yoga. Alugar um espaço já parecia estar fora da minha zona de conforto, mas o Sapo da Sorte me garantiu que seria o melhor curso de ação. No meu primeiro dia naquele espaço, ganhei mil dólares. Fiquei surpresa!

Depois de alguns meses de aluguel, tive a sorte de ver o Sapo da Sorte entrar em minha consciência novamente, quando fui guiada ao meu primeiro *coach* financeiro. Eu estava assistindo on-line a algo que não tinha nada a ver com dinheiro. De repente, fui direcionada a um *webinar* sobre os sete chakras e o dinheiro. Tudo o que o apresentador falou ressoou completamente em mim. Antes disso, nunca havia me ocorrido que o dinheiro pudesse ser uma energia ou que também estivesse ligado ao nosso bem-estar emocional. Decidi que queria trabalhar com esse instrutor, mas tive de colocar o pagamento dos serviços dele em um cartão de crédito, o que me pareceu um grande salto de fé. Foi também uma das melhores decisões de minha vida.

Os saltos do Sapo da Sorte podem não fazer sentido lógico no momento, mas o salto é tão alegre que sabemos que é essencial. Pode ser um pouco assustador correr os riscos que somos orientados a correr, mas, ao mesmo tempo, tudo parecerá tão certo. Investi mais de três mil dólares em meu primeiro *coach* financeiro. Foi o maior valor que já gastei em um curso ou em um *coach* em qualquer momento. Mas então, nas duas semanas seguintes, ganhei seis mil dólares. Eu não conseguia acreditar! As coisas estavam mudando à medida que eu fazia um trabalho mais profundo em relação aos meus problemas com dinheiro. Eu não fazia ideia de que tinha tantas emoções reprimidas em relação ao dinheiro. Comecei a usar estratégias que me ajudaram energeticamente, incluindo as Técnicas de Liberdade Emocional, para liberar as emoções relacionadas às minhas memórias mais traumáticas sobre dinheiro.

Meu próximo salto de fé com o Sapo da Sorte foi quando eu estava tentando vender meu primeiro programa de *coaching* de seis meses, que custava US$15.500. De repente, fui fortemente orientada a ouvir o livro clássico *Think and Grow Rich* (*Pense e Enriqueça*), de

Napoleon Hill. Ouvi o Áudio Livro inteiro em dois dias! Depois, ouvi *The Science of Getting Rich* (*A ciência de ficar rico*), de Wallace D. Wattles. Uma semana depois, fiz a venda de US$15.500. Isso levou a uma venda de US$20.664 e, pouco tempo depois, ao meu primeiro mês de ganhos de US$50 mil. O mais incrível é que tudo isso foi simplesmente o resultado de uma mudança em meu sistema interno de crenças. Antes, eu não acreditava que poderia ganhar tanto dinheiro e não acreditava que era digna de recebê-lo. Levei muito tempo para relaxar minha mente o suficiente para simplesmente deixar o dinheiro fluir e me permitir recebê-lo.

Percebi que receber essa quantia de dinheiro era uma frequência, uma forma relaxada de pensar e sentir, na qual eu estava totalmente conectada ao apoio do Universo. Também compreendi que parte de mim estava viciada em drama e sofrimento, porque era tudo o que eu conhecia. Tive de me recondicionar continuamente para que fosse seguro me sentir totalmente relaxada e confiante em mim mesma.

Minha manifestação de dinheiro mais extraordinária aconteceu quando um membro próximo da família veio me visitar em Santa Barbara, Califórnia. Decidi me afastar totalmente de meus negócios durante esse período e me concentrar somente nessa pessoa. Eu a levei a festas e *brunches* e fiz banhos de sal e de espuma para ela. Levei-a ao meu quiroprata favorito e fizemos caminhadas na praia. Durante todo esse tempo, no fundo da minha mente, eu dizia a mim mesma: "O dinheiro está a caminho". Eu não estava fazendo meu marketing ou propaganda habitual, portanto, não tinha a certeza de como os novos clientes me encontrariam durante esse período. Mesmo assim, continuei repetindo esse pensamento: o dinheiro está a caminho. Naquela semana, apareceram US$5.300 em minha conta corrente. No mês seguinte, apareceram US$8.300. Tentei rastrear esses depósitos para determinar a origem do dinheiro, parecia que eu tinha depositado essas quantias, mas eu sabia que definitivamente não tinha. Eu não conseguia rastreá-los!

Percebi que esses depósitos eram o resultado do Sapo da Sorte abrindo novos portais para mim. Essa é a realidade em que vivemos, e ela não é tão rígida ou tão preta e branca quanto pensamos. Quando relaxamos nossa mente e nosso corpo, permitimos que milagres fluam para nós. O pensamento mais forte vence. O Universo quer nos inundar com abundância. Esse é o presente do Sapo da Sorte: quando você finalmente der o salto, a prosperidade estará esperando!

História do Sapo da Sorte de Pamela

Esta é uma história divertida sobre como meus amigos e eu trabalhamos com o Sapo da Sorte durante um dia na praia.

Uma das vezes em que voltei ao Havaí para visitar meus amigos, decidimos fazer um ritual de prosperidade. Cada um deles estava procurando um novo emprego, um aumento ou mais dinheiro em geral. Então nos reunimos em um círculo na praia de Waikiki e colocamos um lindo centro de mesa floral. Cercamos as flores com dinheiro, incenso e moedas. Em seguida, colocamos um Sapo da Sorte dourado bem no centro.

Sentamos em volta do altar da abundância que havíamos criado e eu abri um espaço sagrado, chamando nossos guias, professores, os cinco elementos chineses e, é claro, o Sapo da Sorte. Em seguida, cada um de nós disse o que queria chamar. Pedi aos meus amigos que escrevessem especificamente a quantia de dinheiro que queriam manifestar e que falassem como se isso já tivesse acontecido, exatamente como os métodos que compartilhamos neste livro. Em seguida, todos os meus amigos se revezaram para tocar a cabeça do Sapo da Sorte em sinal de gratidão e boa sorte – não havia realmente um motivo para fazer isso, a não ser o fato de termos nos sentido orientados a fazê-lo.

Meus amigos e eu não ganhamos na loteria nem nada naquele dia, mas, algumas semanas depois, todos nós começamos a sentir um aumento na prosperidade e em nossas finanças. Alguns de meus amigos conseguiram os empregos que queriam, que pagavam até mais do que haviam pedido. Uma de minhas amigas conseguiu vender facilmente sua casa, à vista. Outra ganhou muito dinheiro durante uma sequência de duas semanas jogando pôquer. No meu caso, logo que voltei do Havaí, tive uma semana de muito dinheiro no trabalho.

O dinheiro gosta da frequência do jogo, e foi isso que fizemos naquele dia. Não foi um ritual sério nem demorado. Em vez disso, meus amigos e eu nos sintonizamos com o que desejávamos, confiamos em nossa intuição para nos guiar, fizemos o que parecia bom e nos divertimos muito na praia. Ao trabalhar com o Sapo da Sorte, se você sentir o chamando para fazer algo, sempre siga seu coração e faça! A coisa mais importante que você pode fazer é não se importar com o resultado. Meus amigos e eu não ficamos obcecados com o que pedimos naquele dia. Em vez disso, liberamos nossos desejos e deixamos o Sapo da Sorte trabalhar. A atitude que você deve adotar é "Minha vida já é incrível, não seria mais incrível ainda se eu tivesse mais riqueza?" em vez de "Eu preciso de dinheiro" (mesmo que você realmente precise). Lembre-se de que você atrai aquilo em que se concentra. Portanto, concentre-se na diversão, no riso, na alegria e na sensação de abundância. Volte sua atenção para a diversão e siga o fluxo. Quando fizer isso, milagres financeiros ocorrerão.

Como Montar seu Altar do Sapo da Sorte

Seu altar do Sapo da Sorte criará uma bela riqueza para você e seus entes queridos. Lembre-se de que, de acordo com o Feng Shui, o posicionamento do altar do Sapo da Sorte é muito importante. Para convidar a abundância para sua casa, coloque o altar do Sapo da Sorte perto da porta da frente, mas não diretamente alinhado com a porta. Outro elemento importante desse altar é elevar a figura do Sapo da Sorte e colocar uma moeda em sua boca. Isso ativará o amuleto para atrair riqueza e saúde. Além disso, certifique-se de que o Sapo da Sorte seja mantido limpo e que você cuide dele com frequência.

Se quiser aumentar sua prosperidade rapidamente, pode optar por ter três, seis ou nove figuras do Sapo da Sorte, pois todos esses são números da sorte no Feng Shui. Você pode colocar uma no altar principal perto da porta da frente, outra no canto da riqueza da casa (que é o canto mais à esquerda) e uma no canto mais à esquerda de sua mesa de trabalho.

Certifique-se de que a estatueta do Sapo da Sorte esteja voltada para dentro da casa a fim de criar dinheiro dentro do seu lar. Algumas tradições colocam o Sapo da Sorte voltado para a porta da frente durante o dia para que ele saia e traga dinheiro para casa; à noite, você deve virar o Sapo da Sorte para dentro, de modo que ele fique voltado para a casa. Use sua intuição para determinar qual método é melhor para você.

Aqui estão algumas ferramentas relacionadas à energia do Sapo da Sorte que você pode usar para decorar seu altar. Essas sugestões foram orientadas pela Sapo da Sorte em uma canalização meditativa que realizamos para este livro. Sinta-se à vontade para acrescentar ferramentas que lhe sejam familiares ou quaisquer outras que tenhamos discutido. Lembre-se sempre de que a energia do Sapo da Sorte é a liberdade, a alegria e a abundância.

Cristais do Sapo da Sorte
Aventurina-verde
Peridoto
Jade

Oferendas de comida para o Sapo da Sorte
Pêssego
Laranja
Couve

Cores do Sapo da Sorte
Dourado
Vermelho
Bronze

Cartas de Tarô do Sapo da Sorte
A Roda da Fortuna
O Mundo
O Sol

Símbolos do Sapo da Sorte
Dinheiro
Moedas
Lingote (bloco de ouro ou prata de forma oblonga)

Crie uma cerimônia para homenagear o Sapo da Sorte todos os dias. Pode ser algo simples, como cumprimentar seu Sapo da Sorte todas as manhãs, compartilhar o que gostaria de atrair para o seu dia, acender uma vela ou até mesmo dar um tapinha ou um *high five*[6] nele. Você pode recitar comandos, afirmações e mantras em frente ao seu altar. Se quiser caprichar, pode encarnar o Sapo da Sorte e pular pela sala, como se estivesse pulando em direção à abundância. Permita-se realmente sentir a energia disso.

Depois de terminar de montar o seu próspero Altar do Sapo da Sorte, ative o altar chamando o seu Sapo da Sorte Guardião usando as instruções da próxima seção.

Encontrando seu Sapo da Sorte Guardião

Seu Sapo da Sorte Guardião está sempre pronto e animado para lhe trazer riquezas de lugares místicos e misteriosos. Invoque o Sapo da Sorte Guardião quando quiser criar algo novo em seu mundo e desejar abundância.

Comece imaginando-se confortável sob a frutífera Árvore Mandarim. Perceba a sensação do brilho amoroso que ela emite. Dê-se tempo suficiente para relaxar e sintonizar antes de prosseguir com a meditação.

Feche os olhos. Imagine-se no mais lindo e vibrante nenúfar. Enquanto se senta nesse grande e exuberante nenúfar, perceba que ele está flutuando sobre uma água cintilante e brilhante. Essa água tem um aspecto e uma sensação diferentes devido à maneira como brilha. Ela parece ser uma água viva que irradia um tipo de energia de força vital. Permita-se respirar a força vital da água.

Sinta uma sensação de calma e frescor fluindo pelo seu corpo. Uma luz branca, dourada e azul movimenta-se suavemente ao longo da

---

6. Gesto de celebração ou cumprimento em que duas pessoas levantam uma das mãos e batem as palmas juntas, geralmente com os braços estendidos. É frequentemente usado para comemorar uma conquista, demonstrar entusiasmo ou felicitar alguém. No Brasil, pode ser traduzido como "toca aqui" ou "bate aqui". (N. T.)

sua coluna vertebral. Enquanto permanece confortável, em um estado de relaxamento e harmonia, sinta a aproximação de um sapo, cujo som se intensifica gradualmente. Essa crescente melodia traz consigo ondas de energia que percorrem seu corpo, proporcionando uma limpeza revitalizante dos sentidos e um alívio das tensões acumuladas. Permita que o som do sapo envolva você em um suave relaxamento, permeando cada parte do seu ser.

O sapo salta até você e se transforma em um Sapo da Sorte gigante. Ele faz um gesto para que você suba em suas costas e, em seguida, salta rapidamente através dos portais do Universo e de todas as suas linhas de tempo anteriores. Você começa a ver que todas as vezes que pensou ter desperdiçado dinheiro, na verdade, todo esse dinheiro foi coletado e ainda está disponível para você. O dinheiro nunca foi gasto, apenas circulou. Você começa a ver toda a beleza, o poder e a magia que essa circulação de dinheiro da qual fazia parte criou.

Rapidamente, o Sapo da Sorte leva você para o seu mundo atual. Ele lhe mostra o dinheiro que está prontamente disponível para você neste momento. De repente, soluções e novas formas de sentir e pensar se abrem para você. Ele comunica que é importante que continue a relaxar a mente e que mais soluções poderão vir em um sonho ou de outra forma ao longo da semana.

Dando um salto no tempo e no espaço, o Sapo da Sorte agora leva você para o futuro. Movendo-se muito rapidamente, por meio de um vórtice de luz, ele lhe mostra grandes montes de dinheiro que estão à sua espera. Ele cutuca um ponto em sua testa, próximo ao Terceiro Olho. Por meio de uma transmissão de pensamento, ele mostra que é a sua perspectiva que permite que abra os portais para toda a riqueza mágica disponível para você. O Sapo da Sorte mostra então que as riquezas são simplesmente um pensamento e que você pode acessar esse mundo poderoso agora.

À medida que novas sensações inundam seu sistema e seu corpo organiza rapidamente as informações, você se acomoda em uma paz mais profunda e em um nível maior de autoaceitação e paz com toda a criação. Uma parte de você é lembrada da riqueza do tecido da criação. O Sapo da Sorte lhe dá de presente uma moeda de ouro com uma gema vermelho-rubi no meio. Ele compartilha que esse nível de sorte, dinheiro e prosperidade vive dentro de você e que poderá acessá-lo a qualquer momento.

O Sapo da Sorte salta para longe e você se vê de volta ao nenúfar verde. A água ao seu redor desaparece enquanto retorna ao seu quarto e ao seu corpo. Faça três respirações longas e profundas e permita-se voltar. Mova suavemente as pontas dos dedos das mãos e dos pés e sinta uma sensação de aterramento à medida que uma nova conexão com o Sapo da Sorte for firmemente estabelecida. Esperamos que você saia da meditação com entusiasmo para ver como as coisas se desenrolam depois de se conectar ao seu Sapo da Sorte Guardião. Nos próximos dias, não se esqueça de anotar todas as experiências místicas com dinheiro, por menores que sejam. Quanto mais evidências positivas você reunir, mais clara e forte se tornará sua conexão com o Sapo da Sorte.

Ritual De Prosperidade Do Sapo Da Sorte

O Sapo da Sorte gostaria de avisar que, ao realizar este ritual, você pode esperar um grande aumento de nível em suas finanças, portanto, prepare-se para enriquecer! Antes de começar a trabalhar com o Sapo da Sorte, estabeleça a intenção de que a riqueza sempre chegue até você da melhor maneira possível. Além disso, seja sempre muito transparente sobre a quantidade exata de dinheiro que está recebendo e para onde esse dinheiro está indo. Onde você gastará o belo dinheiro que está recebendo?

Saiba que não existem intenções de dinheiro "certas" ou "erradas". Você pode gastar seu dinheiro em grandes compras, como uma casa ou férias, ou pode pedir ao Sapo da Sorte para trazer riqueza para comprar acessórios de grife ou roupas novas. Seu dinheiro deve lhe trazer felicidade e apoiar sua jornada de vida. Tudo o que você deseja é perfeito, e é seu destino alcançá-lo.

Para se preparar para o ritual, primeiro você precisa se conectar com o seu Sapo da Sorte Guardião usando a meditação da seção anterior deste capítulo. Depois, reúna estas ferramentas mágicas:

- Caneta ou lápis
- Cinco castiçais
- Cinco velas verdes
- Cristais de dinheiro (quaisquer cristais que sejam verdes ou dourados)
- Estatueta dourada do Sapo da Sorte (certifique-se de que ela tenha uma moeda na boca)
- Isqueiro ou fósforos
- Manjericão
- Moedas
- Pequeno pedaço de papel
- Sal, de qualquer tipo
- Tigela
- Um monte de dinheiro em notas do maior valor que você tiver.

Limpe seu espaço sagrado e o Altar do Sapo da Sorte com um bastão defumador ou spray e prepare suas ferramentas mágicas para o ritual. Certifique-se de estar em um local livre de interrupções. O ritual pode ser tão longo quanto você quiser, dependendo do tempo que deseja permanecer na energia do Sapo da Sorte e do tamanho de suas velas.

1. Sente-se em frente ao Altar do Sapo da Sorte e visualize-se atingindo suas metas e ganhando dinheiro. Em seguida, escreva sua intenção em um pedaço de papel como se ela já tivesse acontecido. Por exemplo: "Agradeço por ter US$50.000 ou mais em minha conta bancária e aceito isso, ou algo melhor. E assim será. Gratidão". Certifique-se de incorporar o sentimento de gratidão para ampliar o poder da intenção.
2. Coloque seu papel de intenção na tigela e cubra-o com sal e manjericão. Em seguida, encha a tigela com o Sapo da Sorte,

cristais, moedas e algumas notas enroladas da pilha de dinheiro. Se você quiser adicionar mais símbolos monetários, fique à vontade para fazê-lo.

3. Envolva a tigela com o restante das notas, criando um círculo de dinheiro ao redor do Sapo da Sorte.
4. Organize as cinco velas em um círculo maior, que envolva tudo. Como alternativa, você pode dispor as velas em uma estrela ou em qualquer outro formato que desejar, desde que seja maior do que o círculo de cédulas.
5. Quando estiver tudo pronto para ativar o Sapo da Sorte, acenda as cinco velas. Ao acender cada vela, repita sua intenção em voz alta.
6. Depois que todas as velas estiverem acesas, coloque as mãos sobre o Sapo da Sorte e imagine riqueza, dinheiro e abundância chovendo sobre você. Pode também visualizar sua intenção novamente.
7. Depois de acesas, não deixe as velas sem supervisão e certifique-se de que estejam protegidas contra riscos de incêndio. Se tiver que sair, apague-as (não assopre) com um apagador. Você pode reacender as velas quando voltar, certificando-se de repetir sua intenção. Seu ritual estará concluído quando todas as cinco velas estiverem queimadas.
8. Descarte os tocos de vela, os resíduos de cera e o sal em uma lata de lixo ou enterre-os. Coloque o Sapo da Sorte de volta em seu altar, onde a energia desse ritual continuará a atrair abundância para sua vida. Os cristais, as moedas e o dinheiro também podem ser deixados no altar ou levados com você. Se sentir que deve gastar o dinheiro ou doá-lo, faça isso! Compartilhar a magia pode trazer boa sorte. Apenas certifique-se de que, ao apresentar o dinheiro a alguém, a face das cédulas esteja voltada para a pessoa.

Use esse ritual de prosperidade para recarregar a abundância em seu espaço sagrado sempre que sentir que precisa de um impulso de riqueza.

Ativações de Códigos Sagrados

Quando precisar de um milagre financeiro, invoque o Sapo da Sorte. Nossa mente tende a complicar demais as coisas e nossas emoções podem se envolver em resultados indesejáveis – é nesse momento que você deve invocar a Magia do Sapo da Sorte, que trará à mente a alegria, a diversão e a felicidade da vida. Os milagres do dinheiro estão a apenas alguns segundos, minutos ou momentos de distância e são acessados a partir do momento atual. O Mandamento do Sapo da Sorte leva você à frequência dos milagres e ativa a riqueza além de seus sonhos mais apaixonados.

Mandamento do Sapo da Sorte

"Generoso e opulento Sapo da Sorte, como uma expressão direta do Divino, peço que me dê a coragem de dar o salto para o meu próximo nível de riqueza e abundância. Infunda em mim a energia abundante essencial para que eu dê o salto, ajuste minhas identificações com coisas que não me servem a esse respeito e ajuste minha perspectiva de vida para que eu possa ver, gerar e criar ainda mais riqueza em meu Universo. Estou em condições de enfrentar as mudanças essenciais para ser uma pessoa excepcional na administração da energia rica que agora recebo. Entendo que mais riqueza é igual a mais energia e estou disponível para que esse novo nível de energia flua através de mim. Ajude-me a liberar e limpar quaisquer emaranhados energéticos antigos de uma mentalidade de escassez de vidas passadas, da infância ou de outras dimensões da realidade que possam estar me afetando no momento. Agora posso dar o salto e escolher e abraçar totalmente a riqueza, o dinheiro e a opulência. Gratidão por essa incrível e generosa transmissão de luz. Que todos os seres ao meu redor sintam esse nível de paz com o dinheiro e a criação de riqueza."

Mantras do Sapo da Sorte

O Sapo da Sorte é a verdadeira transmissão de alegria e facilidade. Este Guardião está aqui para lembrar você de que a riqueza é seu direito natural de nascença. É algo que está sempre disponível quando se permite que a cachoeira da prosperidade flua para sua vida. À medida que ajusta e aperfeiçoa suas crenças sobre a riqueza, mais dinheiro chegará até você de forma mágica. Estes mantras do Sapo da Sorte podem ajudar você a se a orientar neste processo:

- Dar o salto guiado pelo Espírito sempre me traz mais riquezas.
- Estou abrindo portais para a riqueza rápida que parecem leves, alegres e disponíveis para mim.
- Mais riqueza está fluindo para mim com paz e facilidade.
- O dinheiro gravita naturalmente em minha direção e chega até mim aos trancos e barrancos.
- Mais riquezas do que posso imaginar estão chegando ao meu universo e continuam vindo.
- Três, seis ou nove Sapos da Sorte estão sempre me trazendo animadamente dinheiro de todos os cantos e áreas do Universo.
- Minha riqueza parece continuar crescendo e crescendo de forma misteriosa.

Você pode decidir se concentrar em um único mantra ou escolher alguns para usar durante o mês. Escolha mantras que iluminem por dentro e façam você se sentir emocionalmente nas alturas. Continue trabalhando com esses mantras até sentir que integrou essas novas crenças.

Comandos de Ascensão do Sapo da Sorte

Reserve alguns momentos para criar um espaço sagrado onde possa escrever seu diário. Tenha sua bebida favorita por perto e talvez um pequeno buquê de flores. Quando se sentir confortável, comece a escrever em seu diário. Responda a essas instruções como se estivesse escrevendo a sua realidade na criação. Envie sinais claros para o Universo e para o Sapo da Sorte sobre seus desejos genuínos. Preste atenção também às novas ideias que surgirem.

1. Quais mudanças precisa fazer em seus pensamentos para se sentir realmente bem com toda a renda que está entrando em sua vida agora?
2. Quais são as maneiras mais milagrosas de imaginar o dinheiro entrando em sua vida neste momento?
3. Como você pode praticar a gratidão e agradecer o dinheiro que está entrando em sua vida?
4. Quais palavras podem ajudar a aumentar a sua confiança e a tranquilidade?
5. Se você abandonasse todas as suas crenças limitantes sobre dinheiro e visse suas finanças de forma neutra, qual quantidade de dinheiro convidaria com alegria para sua vida?
6. Se você acreditasse firmemente em sua própria pessoa, quanto dinheiro pediria genuinamente ao Universo e como se sentiria? Como você pode sentir esse nível de opulência, alegria e gratidão com mais frequência?

Mensagem Canalizada pelo Sapo da Sorte

"O mundo está aqui para que você brinque com a extravagância que quiser. Riquezas e bens serão fornecidos para você. Com um espírito alegre e brincalhão, a confiança está presente, e a confiança é tudo o que é necessário para que o Universo lhe entregue abundância e riquezas."

– Sapo da Sorte

Parte 3

Caminhos Antigos, Divindades e Ancestrais

Capítulo Seis

Os Ancestrais Dourados

Esquecer-se de seus antepassados é ser um riacho sem fonte, uma árvore sem raiz.

– Provérbio Chinês

Todos os anos, há tradições e festejos para celebrar o ciclo da vida e da morte e para honrar aqueles que vieram antes de nós: os Ancestrais Dourados (aqueles que já ascenderam e que não estão mais apegados às personalidades do ego. Esses ancestrais se curaram e passaram por treinamento e estão prontos para ajudar você como um guia). Algumas dessas comemorações incluem o *Halloween*, o Dia dos Mortos e, para os chineses, em 1º de julho, os Portões dos Fantasmas.

Embora existam muitas práticas e rituais, a única coisa com a qual todos concordam é a homenagem aos ancestrais.

Alguns de vocês podem ter a sorte de já ter uma prática espiritual familiar ou um mentor que os ensinou a honrar seus Ancestrais Dourados. Para aqueles que estão ouvindo sobre honrar seus ancestrais pela primeira vez, ou apenas percebendo como é poderoso honrá-los, vocês estão no lugar certo. Chaweon Koo escreveu em seu livro, *Spell Bound*, que não é preciso saber o nome de seus antepassados, nem mesmo que eles tenham falecido recentemente, para poder trabalhar com eles de forma mágica. E, se você foi adotado, pode pesquisar seu país de origem ou até mesmo a região geral de onde vieram seus ancestrais de sangue para aproveitar essa magia.[7]

Em nossa cultura, deixamos um Altar Ancestral sempre aberto e rezamos para ele todos os dias, além de fazermos algum tipo de oferenda, como bebidas, alimentos ou incenso. Ao rezar para o Altar Ancestral, a pessoa também pode pedir para ser abençoada em todos os empreendimentos e dizer que está aberta a receber presentes de seus antepassados. Durante feriados especiais, como o Ano Novo, ou nos aniversários dos antepassados, também acendemos incenso para eles no altar. Se a família estiver nos visitando, ou se estivermos visitando familiares que também tenham um Altar Ancestral, saudar os antepassados acendendo incenso e oferecendo saudações seria apropriado em nossa tradição. É respeitoso limpar o altar, especialmente se ele ficar bagunçado com cinzas ou se houver muita poeira. Estabeleça horários para limpar seu altar, pois esse é um ritual de homenagem aos seus antepassados.

Neste capítulo, você receberá todas as ferramentas e orientações necessárias para iniciar sua própria prática espiritual ancestral. Há enormes benefícios em cultivar uma conexão com os Ancestrais Dourados, e a magia mais poderosa que podemos receber deles é acessando os dons ocultos em nossa linhagem, dons que já foram

---

7. Koo, *Spell Bound*, 23.

experimentados e refinados por eles. Lembre-se de que não é com as personalidades de nossos antepassados que estamos nos conectando. Em vez disso, estamos nos conectando com seus eus já iluminados e evoluídos: os Ancestrais Dourados.

Depois que nossos antepassados morrem, eles entram em treinamento de alma no Outromundo e evoluem com novos conhecimentos. Todos os antepassados que falecem passam por esse tipo de treinamento de alma. Às vezes, quando os médiuns se conectam aos antepassados, eles estão se conectando a fragmentos de alma ou a aspectos da personalidade de certos antepassados que podem ter escolhido ainda não deixar o plano terreno. Esses são aspectos da personalidade que ainda estão ligados ao reino terreno. São apenas pacotes de energia e não a alma completa do falecido. As almas completas dos antepassados já ascenderam e retornaram à Fonte para cura e treinamento. Entretanto, os traços de personalidade e os pacotes de energia ainda podem ser deixados no plano terreno. Não estamos nos conectando a esses aspectos dos antepassados, mas, sim, à alma completa do antepassado que já se curou desta vida e passou pelo treinamento de luz.

Esses Ancestrais Dourados também têm acesso aos dons contidos em seu DNA ancestral e sabem como ajudar você a desbloquear essa sabedoria. Isso pode incluir o trabalho com magia, modalidades de cura e manifestação. Mas trabalhar com os Ancestrais Dourados não se trata apenas de curar traumas de vidas passadas, que é o foco de muitos curandeiros; podemos trabalhar com eles em qualquer coisa que precisarmos de ajuda em nossa vida. Conectar-se aos seus Ancestrais Dourados é muito fácil, semelhante a invocar seus guias espirituais ou anjos. Tudo o que você precisa fazer é se concentrar e pedir o apoio deles.

A seção "Encontrando seus Guias Ancestrais" Dourados deste capítulo o ajudará a se sintonizar com as energias deles e permitirá uma comunicação potente no futuro. Basicamente, você poderá pedir que se comuniquem e ajudem com quaisquer desafios que estiver enfrentando. Para citar um versículo conhecido, "Peça e você receberá". Os incríveis presentes dos Ancestrais Dourados estão apenas esperando para serem abertos. Seus antepassados passaram por várias dificuldades para cultivar as joias de sabedoria disponíveis para você agora. A resiliência que pode acessar foi transmitida por meio de suas linhagens. Além disso, já se perguntou por que parece aprender certas coisas com mais facilidade do que outras? Bem, esses são presentes dos Ancestrais Dourados. Quanto mais aprender a aproveitar essa magia, mais rápido poderá acessar seus próprios dons inimagináveis.

Com atenção, perceberá que seus Ancestrais Dourados estiveram presentes durante toda a sua jornada, torcendo secretamente por você. Eles estão sempre nos bastidores, protegendo e enviando energia. Quando você aprende a se tornar um excelente receptor dos seus dons, a magia do outro nível começa a aparecer em sua vida. É provável que até saiba de algumas histórias divertidas sobre seus antepassados que seus pais nunca lhe contaram, pois seus próprios ancestrais compartilham esses segredos mágicos com você.

Magia dos Ancestrais Dourados

A Magia dos Ancestrais Dourados é uma energia dourada radiante que está sempre disponível para nós. Ela carrega consigo todas as dádivas que foram passadas de geração em geração. Desde o início de nossa linhagem ancestral, essas energias místicas foram compartilhadas conosco. Muitos de nós não foram ensinados a aproveitar ou cultivar essas joias de sabedoria e, ainda assim, é um fluxo de poder e luz que está pronto para ser utilizado.

Todos os momentos difíceis e privações pelos quais nossos ancestrais passaram permitiram cultivar virtudes e dons. Esses dons são transmitidos a cada um de nós e, quando nos concentramos em sua energia e luz, podem ser ampliados e dominados. O domínio emocional, a música e a dança, a criação de alimentos, todas as formas de atletismo, a escrita, a arte e a expressão artística, entre outros, são transmitidos pelos portais de nossos Ancestrais Dourados. Nosso trabalho é brincar com essas energias e torná-las nossas.

Por muito tempo, o foco do mundo esteve ligeiramente desviado. Passamos um longo período nos concentrando em proteger a nós mesmos e nossos bens. O simples ato de nos sintonizarmos com a brincadeira, a criatividade e a arte de nossos ancestrais pode ativar um conjunto totalmente diferente de expressão genética. Quando começarmos a procurar o que há de bom em nosso passado, começaremos a ver mais coisas boas aparecerem na realidade atual. Toda cultura e linha ancestral tem presentes ricos em energia como esse disponíveis – o desafio é procurá-los. Ao nos concentrarmos em nossos dons ancestrais, podemos trazer ainda mais amor e positividade para nossa vida. Quando observamos uma dificuldade em nossa linha ancestral, podemos nos aprofundar nos dons que nossos ancestrais receberam ao passar por essas dificuldades. Essas joias estão sempre nas profundezas das sombras e, em vez de ficarmos presos observando apenas o nível superficial, quando nos permitimos explorar as profundezas, podemos nos tornar iluminados. É aí que reside o poder dos Ancestrais Dourados, prontos para inundar sua vida com presentes abundantes.

História dos Ancestrais Dourados de Samantha

Meu bisavô era o curandeiro xamânico do vilarejo onde morava em Taiwan. Eles os chamavam de *dang gi*, que são canalizadores do reino espiritual. Minha avó, minha *Nai Nai*, sempre contava histórias de suas curas milagrosas e de como os moradores o amavam tanto. Ela também falava com frequência sobre seu coração bondoso, amoroso e compassivo.

Certa noite, um casal veio visitar meu bisavô. O marido estava tossindo sangue há dias e a esposa implorou ao meu bisavô que o visse. Disseram a ele que o casal tinha cinco filhos e que o homem não estava conseguindo trabalhar desde que adoecera.

Meu bisavô deu uma olhada no marido e soube que essa era uma missão perigosa. Ele disse que talvez não pudesse ajudá-los. A esposa implorou e suplicou. Então, meu bisavô meditou e viajou para o centro da Terra. Lá, ele viu a Árvore da Vida desse homem, que estava murcha e seca. Meu bisavô foi até lá e regou a árvore. O Tigre Guardião apareceu e disse que ele havia violado uma das leis cármicas – esse homem deveria morrer. Como meu bisavô regou a árvore, ele teve que assumir esse carma.

Meu bisavô voltou de sua viagem e faleceu alguns dias depois. O outro homem se curou completamente. Essa era uma das histórias para dormir que minha *Nai Nai* contava para mim e para minha prima. Ela também contou várias outras histórias sobre meu bisavô (seu pai) que apareceu magicamente em sua vida enquanto ela crescia.

Aprender sobre essa ferida de curandeiro do meu bisavô me proporcionou muita percepção de meus próprios medos de ser curandeira e me ensinou a usar meus superpoderes adequadamente. Quando minhas habilidades de clarividência se abriram espontaneamente, em 2008, depois de várias sessões de hipnose em Taiwan, tive de processar muitos medos relacionados à minha capacidade de ver e sentir outras dimensões da realidade. Trabalhar com meus Ancestrais Dourados me ajudou a processar rapidamente algumas dessas feridas, uma vez que eles já as haviam limpado no reino espiritual. Por exemplo, consegui ter conversas profundas com meu bisavô e liberar alguns dos meus medos invisíveis com muita facilidade. Esse é um dos grandes benefícios de trabalhar com seus Ancestrais Dourados.

Quando comecei a me aprofundar no mundo da medicina energética, recebi muitas vezes a visita do meu bisavô. Ele parecia me guiar para que eu pudesse ajustar meu trabalho conforme necessário. Meu bisavô havia aprendido muito no reino espiritual. Quanto mais eu decidia me conectar a essa energia, mais esse fluxo de luz e conhecimento simplesmente chegava até mim. Ele me mostrou maneiras de trabalhar com mais leveza, rapidez e clareza.

Continuei a criar meditações dentro de mim para me conectar com meus ancestrais. Eu me imaginava levando frutas, flores, água e todos os recursos de que eles precisavam. Eu enviava a eles roupas lindas e coloridas e materiais vibrantes com ouro entrelaçado no tecido. Podia ver seus rostos se iluminarem e seus campos de energia se carregarem. Eles eram capazes de enviar energia de volta para mim. Isso é algo com que eu interagia com frequência. Ao abrir esses portais, senti todos os imensos dons que eles estavam tão entusiasmados em compartilhar comigo. Cozinhar ficou mais fácil, assim como dançar, cantar e ouvir música em geral. Permiti que o amor deles fluísse para mim e apreciei os dons e as percepções que compartilharam comigo.

Tenho a certeza de que seus antepassados também estão esperando ansiosamente por uma oportunidade de se conectar com você. Veja além das versões humanas deles e conecte-se ao espírito iluminado de suas almas. Veja o que isso desperta em você. Há muita magia disponível por meio desse processo e através deles.

História dos Ancestrais Dourados de Pamela

Trabalhar com meus Ancestrais Dourados foi algo a que resisti por muito tempo. Isso porque eu achava que trabalhar com meus antepassados significava que eu estaria em contato com meus parentes que estavam vivos. Como não sou muito próxima da minha família e nem conheço o lado paterno, a ideia de trabalhar com a família não me agradava.

No entanto, há alguns anos, ao trabalhar com meu *coach* de vida espiritual para passar para o próximo nível de abundância, descobri que um bloqueio que eu estava enfrentando estava ligado aos meus Ancestrais Dourados. O problema era que eu não tinha nenhuma conexão com eles. Eu estava bloqueando a sabedoria e os dons de meus ancestrais, e esses mesmos dons poderiam me ajudar a alcançar meus objetivos com facilidade. Depois de perceber isso, criei um lindo altar em homenagem aos meus antepassados. No entanto, o que eu não fiz – e o que muitos de meus clientes particulares também se esquecem de fazer – foi incluir os antepassados de ambos os lados da família.

Honrei apenas o lado materno de meus ancestrais, porque era o lado da família com o qual eu estava mais conectada e do qual eu realmente tinha conhecimento. Como não conhecia o outro lado da família, não tentei me conectar com meus antepassados paternos.

Então, durante uma sessão de cura com outro *coach*, disseram-me que um dos meus antepassados do lado paterno tinha um presente para mim. Disse que ele estava tentando me dar o dom, mas eu o estava bloqueando. Isso fazia muito sentido, porque eu não estava me conectando com o lado paterno de forma alguma. Sua mensagem para mim foi que o lado do meu pai era uma linhagem real - alguém era rei ou rainha - e eles tinham muita magia ligada à riqueza que queriam compartilhar comigo. Ele me disse que, mesmo que eu não conhecesse minha família por parte de pai, não havia problema em trabalhar com esses Ancestrais Dourados, porque eles ainda fazem parte da minha linhagem.

Decidi atualizar meu Altar dos Ancestrais Dourados para incluir o lado do meu pai, honrando os dois lados da minha família no mesmo espaço. Logo depois, tive um grande avanço em meus negócios. Os desafios financeiros que eu estava enfrentando, que incluíam a falta de clientes, simplesmente desapareceram, e esse acabou sendo um momento transformador para mim. Comecei a ser vista on-line e recebi mais reconhecimento e mais clientes.

No início, senti-me estranha ao me conectar com o lado paterno da minha linha ancestral, mas meus Ancestrais Dourados estavam muito abertos a trabalhar comigo e não havia nenhum trauma ou algo que eu precisasse curar para trabalhar com eles. Portanto, embora eu não tenha nenhuma conexão com meus parentes vivos do lado do meu pai, meus Ancestrais Dourados paternos são agora uma parte importante de minha prática. A energia foi muito positiva desde o momento em que me conectei com eles. Desde essa experiência, tenho incentivado todos os meus clientes a honrar seus antepassados de ambos os lados da família, e todos que o fizeram experimentaram mudanças poderosas em suas vidas.

O importante a saber sobre seus Ancestrais Dourados é que precisa fazer a conexão. Cabe a você entrar em contato com eles e abrir a porta para a comunicação. Seus Ancestrais Dourados de ambos os lados estão prontos para trabalhar com você e oferecer amor incondicional; eles têm muita sabedoria, ensinamentos e presentes para compartilhar. Abra seu coração e comece a pedir a magia dessa conexão.

Eu peço oportunidades e abundância aos meus Ancestrais Dourados todos os dias, falando com eles em meu altar. Se você tiver um objetivo diferente ou se quiser criar uma conexão mais íntima com seus antepassados, experimente o ritual mais adiante neste capítulo. Ele ampliará sua capacidade de receber o que mais deseja, com o apoio deles.

Como Montar seu Altar dos Ancestrais Dourados

O Altar dos Ancestrais Dourados é a âncora para a conexão com seus antepassados, porque oferece a eles um espaço sagrado em sua casa. Esta seção será um pouco diferente dos outros capítulos, porque as ferramentas que deverá colocar no seu altar serão mais personalizadas.

Antes de montar o altar, faça a meditação "Encontrando seus Guias Ancestrais Dourados" na próxima seção do livro e não deixe de perguntar aos seus antepassados como eles querem que o altar pareça e seja. Talvez você já tenha algumas ideias sobre o que colocar em seu altar, pois assim que decide trabalhar com seus Ancestrais Dourados, essa conexão é ativada. Talvez já tenha começado a receber mensagens intuitivas e orientações deles!

Lembre-se, seus antepassados de ambos os lados da família têm dons para você. Não tenha vergonha de pedir milagres e oportunidades aos seus Ancestrais Dourados – eles estão aqui para apoiar você em sua jornada terrena! Você pode optar por criar dois altares ancestrais diferentes ou, como nós, pode criar um com os dois lados da sua família representados. Aqui estão algumas ferramentas mágicas que geralmente são colocadas em altares de ancestrais:

- Cristais
- Doces e sobremesas
- Fotos de seus antepassados[8]
- Frutas
- Incenso
- Qualquer coisa que tenha pertencido a seus antepassados
- Sal
- Terra
- Uma tigela com água
- Velas

Essas são apenas algumas sugestões baseadas no que aprendemos ao trabalhar com nossos próprios antepassados. É muito importante enfeitar seu altar com ferramentas personalizadas que melhor representem sua linhagem e a energia ancestral.

Crie uma cerimônia diária para homenagear seus Ancestrais Dourados. Pode ser algo simples, como cumprimentar seu Altar Ancestral todas as manhãs, acender uma vela, fazer uma oração, compartilhar gratidão, deixar frutas e legumes frescos, servir uma bebida para seus antepassados ou acender um incenso. Pode também recitar comandos, afirmações ou mantras em frente ao seu altar.

Depois de terminar de montar seu Altar dos Ancestrais Dourados, ative-o chamando seus guias ancestrais.

8. Se não tiver fotos dos seus ancestrais, não precisa colocar imagens no altar. Basta escrever o nome do ancestral numa placa ou num papel, ou simplesmente escreva 'Antepassado' se sentir vontade de incluí-lo no altar.

Encontrando seus Guias Ancestrais Dourados

Cada um de nós está conectado a um fluxo de luz dourada que é um presente de nossos Ancestrais Dourados. Esteja conectado à sua família de origem ou não, esse fluxo de luz está sempre disponível para você. Não é necessário conhecer detalhes sobre seus antepassados para estabelecer uma conexão. Em vez de se conectar com as personalidades de seus antepassados, essa prática busca estabelecer conexão com seus aspectos espirituais. Pessoas adotadas receberão um bônus, pois poderão se conectar com os antepassados da família de origem e também com os antepassados da sua família adotiva, tornando o fluxo de luz dos seus Ancestrais Dourados ainda mais forte e poderoso.

Esta meditação pode ser feita mais de uma vez. Cada vez que retornar a ela, poderá receber mensagens diferentes ou observar mudanças ou alterações de frequência.

Fique confortável e feche os olhos. Ao entrar no portal de conexão com os Ancestrais Dourados, lembre-se de que presentes mágicos aguardam você. Caso nunca tenha se conectado com seus Ancestrais Dourados, saiba que eles esperaram a sua vida inteira para se conectar com você. Se você já se conectou com eles antes, então esta jornada proporcionará uma aproximação maior ao domínio dos dons e da magia disponíveis a todos nós.

Entre em estado meditativo. Vá até um espaço aconchegante embaixo de uma Árvore Mandarim. Sinta a abundância das folhas ao seu redor e a cor brilhante de seus frutos elevando seu espírito. Você pode até sentir o cheiro e o sabor da fragrância da tangerina mandarim enquanto está em seu estado de relaxamento. Visualize um amplo gramado ao seu redor, pronto para acolher seus antepassados e permitir que eles se aproximem de você. Sinta-se à vontade para convidar quantos Ancestrais Dourados desejar. Comece a se concentrar em sua respiração. Imagine uma luz dourada cintilante fluindo para seus pulmões e para todo seu corpo ao inspirar. Ao expirar, sinta a luz dourada saindo de seus pulmões e infundindo magia nos campos gramados. A luz brilha dentro de você e ao seu redor. A luz dourada entra, a luz dourada sai. Sinta-se elevando sua própria frequência de luz para estar em harmonia energética com seus ancestrais. Sinta-se enviando luz dourada tanto para o seu passado quanto para o seu futuro.

Envie fluxos de energia para os lados materno e paterno de sua família. Observe a energia que se irradia para eles e, em seguida, sinta a energia dourada que eles estão enviando de volta para você. Perceba como o fluxo de conexão entre vocês se fortalece. Se vir alguma energia turva, observe-a sendo lavada pela luz dourada. Permita apenas que a bondade flua de volta para você, liberando todo o resto.

Ao seu redor, seus ancestrais começam a chegar. Lembre-se de que está encontrando o eu superior dos seus antepassados, portanto, eles podem não ser exatamente como se lembra. Você pode imaginar belas almofadas para eles se sentarem ou pode convidá-los a se sentarem em flores de lótus ao seu lado. Prepare chá, água, frutas e lanches para eles. Sinta a energia da celebração ao receber seus antepassados em seu espaço. Ao inspirar e expirar a luz dourada, você os vê inspirando e expirando a mesma luz também. Todos respirando em harmonia uns com os outros.

Sinta seus antepassados organizados em uma forma ou padrão geométrico sagrado à sua frente ou atrás de você, ou, como dito anteriormente, poderá senti-los preenchendo a área. Talvez consiga sentir claramente a diferença entre a energia materna e a paterna, ou os lados da sua família podem se misturar. Decida o que é melhor para seu campo de energia. Em seguida, crie muita luz dourada ao seu redor e ao redor de seus Ancestrais Dourados e incline-se para as sensações dessa luz dourada conectiva.

Comece a sentir toda a energia amorosa que seus antepassados têm por você. Eles veem você de uma perspectiva mais elevada e estão cheios de amor. Continue a respirar e a movimentar o corpo de uma forma que o relaxe e permita que você sinta o fluxo da vida. Perceba a sensação de apoio e amor ao seu redor. Observe o quanto seus ancestrais querem genuinamente que você tenha sucesso. Reconheça o quanto essa energia recém-descoberta por meio de sua conexão com os Ancestrais Dourados o alimentará daqui para frente.

Reserve alguns momentos e convide um antepassado ou um grupo de antepassados para dar um passo à frente. Observe a aparência deles. Se for um grupo que se aproxima, observe quantos estão presentes. Em seguida, permita-se receber uma mensagem. Pode ser na forma de um sentimento, uma cor, uma forma ou qualquer outra coisa. Dê-lhes espaço e oportunidade para se conectarem e se comunicarem com você.

Observe como eles atualizam a energia biológica de suas células. Como membros do reino espiritual, eles têm acesso a muitas atualizações e são capazes de acelerar o seu sistema operacional energético para que a cura espontânea ocorra em seus corpos físico, mental, emocional e espiritual. Dê a si mesmo tempo para receber plenamente os dons e o amor atualizados deles.

Seus Ancestrais Dourados começam a lhe contar histórias. Ao ouvir história após história sobre o que eles vieram compartilhar, perceba como seu corpo está mais completo, fundamentado e sólido. Pode parecer que uma peça de um quebra-cabeça, que estava faltando durante todos esses anos, finalmente foi encontrada. Sinta todo o seu corpo fervilhando de energia dourada.

Pergunte aos seus Ancestrais Dourados com que frequência você deve se conectar com eles e qual é a melhor maneira de usar esse fluxo de energia dourada para se conectar uns com os outros. Eles podem dizer que gostariam de se conectar uma vez a cada manhã ou noite por cinco minutos, ou apenas uma vez por mês. O que parece bom para sua conexão energética exclusiva com seus Ancestrais Dourados? Seja qual for o acordo que chegar, certifique-se de fazer o acompanhamento no horário designado.

Agradeça aos seus Ancestrais Dourados, cujo amor irradia intensamente, lembrando-o de que estão sempre disponíveis e felizes em atender às suas necessidades. Eles o incentivam a retornar sempre que desejar.

Ritual de Recebimento de Presentes dos Ancestrais Dourados

Não importa qual seja o seu objetivo, há presentes de seus antepassados que podem ajudar você a atingir suas metas com facilidade e graça. Eles já viveram uma vida de sabedoria e estão prontos para compartilhar seus conhecimentos. Sejam ensinamentos sobre o que eles vivenciaram, sorte extra ou mais abundância, você tem o apoio dos seus Ancestrais Dourados.

Entretanto, seus antepassados não lhe darão presentes automaticamente, eles não querem interferir em seu livre-arbítrio. Os Ancestrais Dourados respeitam muito suas decisões – você pode fazer suas próprias escolhas e criar a vida que mais deseja. Se decidir pedir a ajuda deles, descobrirá o que eles têm a lhe oferecer. A magia sempre esteve presente, mas você precisa estar disponível a recebê-la e tomar a iniciativa de pedir por ela.

Neste ritual, você pedirá aos seus Ancestrais Dourados um presente específico que se alinhe a uma intenção que tenha. Este não é um ritual único; você pode voltar a ele a qualquer momento e pedir um presente diferente. Percebemos que nossos presentes ancestrais precisam de algum tempo para se integrar e se manifestar, por isso gostamos de cumprir o ciclo de manifestação de algumas de nossas intenções antes de pedir mais. Para determinar quantos presentes deve pedir, recomendamos que reflita sobre a quantidade de energia e mudança que pode suportar em sua vida no momento. Por exemplo, se estiver pedindo o presente de encontrar sua alma gêmea e um novo emprego, pergunte-se: você realmente tem tempo e espaço para ambos? Você não quer sobrecarregar o seu campo energético e o seu corpo físico pedindo demais, e nunca é uma boa ideia pedir mais do que acha que pode suportar, pois isso causará uma grande agitação em sua vida. Isso ocorre porque haverá várias mudanças e transições acontecendo ao mesmo tempo em que os seus Ancestrais Dourados abrem o caminho para o que você mais deseja.

É muito importante se divertir pedindo seus dons. Pedir deve sempre vir de um lugar de alegria e curiosidade, não de desespero. Quando você está pedindo de um lugar de desespero, a energia da falta é enviada e bloqueia a magia. Em vez de querer urgentemente que aquilo se manifeste em sua vida para que ela seja melhor, mude sua percepção e escolha pedir de um lugar de gratidão: "Já amo minha vida, e o que os ancestrais me trouxerem acrescentará ainda mais abundância a ela." Mesmo que sua realidade atual seja insuficiente, encontre algo pelo qual possa agradecer. É assim que você pode passar da carência para a manifestação.

Embora você possa estar procurando evidências de mudanças em sua vida depois de realizar esse ritual, é melhor não se apegar a expectativas de como as coisas aparecerão para você. Os milagres são milagres porque aparecem de maneiras que vão além da nossa imaginação. Quando pedir presentes que sejam os melhores e mais elevados para você, confie que os seus Ancestrais Dourados lhe enviarão o melhor, no momento perfeito e de uma maneira que o deixará maravilhado.

Para se preparar para o ritual, primeiro você precisa se conectar com os seus Ancestrais Dourados usando a meditação da seção anterior deste capítulo. Depois disso, reúna estas ferramentas mágicas:

- Caneta
- Diário
- Dois itens, um que represente seus ancestrais maternos e outro que represente seus ancestrais paternos
- Isqueiro ou fósforos
- Sua intenção (o que você gostaria que o presente o ajudasse a manifestar)
- Um pequeno cristal de quartzo-transparente
- Um pequeno frasco de vidro com tampa
- Um pequeno pedaço de papel
- Vela branca

Limpe seu espaço sagrado e o Altar dos Ancestrais Dourados com um bastão defumador ou spray e prepare suas ferramentas mágicas para o ritual. Certifique-se de estar em um local livre de interrupções. O ritual pode ser tão longo quanto você quiser, dependendo do tempo que deseja permanecer na energia dos Ancestrais Dourados e do tamanho da vela.

1. Em uma folha de papel, escreva o presente que gostaria de receber. Se você não souber especificamente o que deseja, pode simplesmente escrever: "Estou disponível para receber o melhor e mais elevado presente para mim neste momento". Quando terminar de escrever, dobre o papel em sua direção uma vez. Em seguida, vire-o 90 graus para a direita e dobre-o novamente em sua direção. Repita a etapa de virar e dobrar o papel mais uma vez para a direita.
2. Pegue o recipiente não inflamável e coloque o papel de petição nele, dizendo sua intenção em voz alta enquanto faz isso, infundindo-a no recipiente. Em seguida, coloque o cristal em seu interior e coloque a tampa.
3. Cole a vela na parte superior do recipiente para que, quando ela derreter, a cera feche o recipiente. Para fixá-la com segurança, utilize um isqueiro ou fósforos para derreter a parte inferior da vela. A cera precisa estar macia para aderir a vela à tampa. Em seguida, pressione a parte inferior da vela firmemente sobre a tampa. Mantenha a vela em uma posição vertical por alguns instantes para que a cera comece a endurecer novamente.
4. Quando tudo estiver pronto, acenda a vela e diga sua intenção em voz alta novamente.
5. Fique de olho na vela o tempo todo e não deixe a chama sem supervisão. Se a vela cair da tampa, retorne e acenda-a mais uma vez, dizendo a mesma intenção. Se tiver que sair do cômodo, certifique-se de apagar a vela primeiro. (Não sopre a vela com a respiração; use os dedos ou um apagador.) Mais tarde, quando

puder concluir o processo, volte a acender sua vela e diga novamente sua intenção. Seu ritual estará concluído quando a vela terminar de queimar.

6. Depois que a vela terminar de queimar, você pode manter esse recipiente no altar ou em algum lugar mágico até sentir que o presente se manifestou ou que sua intenção foi concluída. Às vezes, um presente é sutil, portanto, preste atenção aos sinais e experiências que validem sua manifestação. Outras vezes, alcançamos nossos objetivos instantaneamente.
7. Quando suas intenções tiverem se manifestado, você poderá abrir o recipiente. Limpe o cristal e o frasco com Água da Flórida ou com a fumaça de um bastão defumador. Fique à vontade para guardar o papel com sua intenção ou enterrá-lo em seu quintal. Você também pode jogá-lo fora, já que seu trabalho foi concluído, que é o que normalmente fazemos.

Ativações de Códigos Sagrados

Os Ancestrais Dourados podem ser um recurso fenomenal para você. É ótimo invocá-los em momentos em que se esqueceu de quem é ou está duvidando de seus poderes ou habilidades. Os Ancestrais Dourados podem reiniciar rapidamente seu sistema e trazer à tona seus dons. Quando quiser descobrir ainda mais suas habilidades exclusivas, os Ancestrais Dourados podem acrescentar insight e apoio. Usar o Mandamento dos Ancestrais Dourados é uma maneira rápida de se reconectar com eles e receber seu rico amor e sabedoria.

Mandamento dos Ancestrais Dourados

"Queridos Ancestrais Dourados, como uma expressão direta do Divino, peço apoio místico de todos os reinos para nutrir cada aspecto de mim. Peço para receber nutrição vinda na forma de alegria e celebração de outros reinos. Ancestrais Dourados, eu lhes dou permissão para atualizar meu corpo biológico e os trilhões de células dentro de mim para uma energia mais elevada, de modo que eu possa me alinhar totalmente com a minha alma. Peço permissão para passar rápida e eficientemente pelas lições das linhas de tempo ancestrais de minha família e para abrir portais para manifestações mágicas além do que posso compreender com minha própria imaginação. Ancestrais Dourados eu lhes dou permissão para despertar o dom da visão dentro de mim, para que eu possa colapsar o tempo e criar a partir de um estado ainda mais feliz. Peço que toda e qualquer tendência inútil em nossa linha ancestral familiar seja lavada e limpa por sua luz dourada. Estou disponível para ver o mundo e minha vida de uma nova perspectiva, acelerando minha capacidade e habilidade de criar com alegria e facilidade. Agradeço por esses presentes milagrosos. Eu selo esta transmissão com amor e luz e vejo que ela beneficia todos os que estão próximos a mim e todos os que me rodeiam."

Mantras dos Ancestrais Dourados

Os Mantras dos Ancestrais Dourados são um tremendo *upgrade* de energia. Pense em uma mangueira que tem uma dobra: uma vez ajustada, de repente, uma grande quantidade de água passa por ela. Você pode se sentir da mesma forma ao trabalhar com esse nível de energia de luz e amor. Ao trabalhar com esses mantras, mantenha a receptividade e a disponibilidade para receber, e observe com mais atenção o que começa a aparecer em sua vida cotidiana.

Os textos podem ser ajustados ligeiramente para torná-los ainda mais poderosos para você. Confie em sua intuição.

- Todos os dias, recebo apoio, amor e nutrição pela luz dos Ancestrais Dourados.
- Presentes poderosos que me beneficiam são transmitidos por meus Ancestrais Dourados. Isso pode incluir dons de arte, música, dança, culinária, organização e muito mais.
- Eu recebo poderosamente a proteção dos meus Ancestrais Dourados de todas as formas e em todas as dimensões.

- Meus Ancestrais Dourados me oferecem um amor imenso e profundo.
- Todo o bem que faço a cada dia é amorosamente enviado de volta aos meus Ancestrais Dourados.
- Eu abro e desbloqueio desejos sagrados e habilidades mágicas de meus Ancestrais Dourados.
- Meus Ancestrais Dourados giram chaves que permitirão a entrada de um imenso amor, abundância e vitalidade em minha vida.
- Meus rins são constantemente renovados para permitir que mais poder e luz dos meus Ancestrais Dourados fluam pelo meu corpo e me fortaleçam.[9]
- Sigo poderosamente pelo caminho mais rápido para alcançar o que desejo. Esse é o percurso mais alegre oferecido pelos Ancestrais Dourados.

Comandos de Ascensão dos Ancestrais Dourados

Crie um espaço sagrado e prepare-se para entrar em sintonia. Você está prestes a ativar um fluxo de energia muito poderoso com seus Ancestrais Dourados. Há muito amor disponível para você aqui.

Reserve um tempo para refletir e sentir entre cada pergunta listada. Se sentir vontade de pular enquanto lê, não se preocupe – siga o que mais lhe atrai e comece por aí. Confie em sua intuição para despertar novos fluxos de energia dentro de você.

1. Se houvesse uma característica ancestral que pudesse incorporar, qual seria e por quê? Como seria a sensação de realmente possuir essa característica?
2. O que você admira em sua linhagem ancestral?

9 Nota: na Medicina Chinesa, os rins e o meridiano dos rins armazenam a energia vital ancestral. Ao atualizar os rins, permite-se receber mais luz dourada dos seus antepassados.

3. Quais emoções surgem quando você sente o amor de seus Ancestrais Dourados? Se soubesse que eles apoiam você poderosamente todos os dias, como se sentiria?
4. Agora que tem acesso ao poder e à sabedoria de seus antepassados, como escolherá passar pela vida de forma ainda mais confiante e poderosa?
5. Se pudesse escolher um tema familiar para curar hoje, qual seria? Qual seria a sensação de ter esse assunto curado? O que mudaria para você e para os outros?
6. Escreva uma carta para seus Ancestrais Dourados. O que está em seu coração e que gostaria de compartilhar com eles? Como você se sente depois de escrever essa carta?

Mensagem Canalizada pelos Ancestrais Dourados

"Sua constelação familiar é uma forma geométrica sagrada e uma marca de energia nas estrelas. Veja a beleza que está disponível aqui e desbloqueie um mundo de maravilhas que nunca imaginou que estivesse disponível para você. Suavize a mente. Olhe para além das dificuldades. Veja os presentes. Confie que todos eles estiveram aqui, esperando por você esse tempo todo."

– Ancestrais Dourados

Capítulo Sete

Kuan Yin

Uma crise é uma oportunidade de
enfrentar um vento perigoso.

– Provérbio Chinês

Com mil mãos e mil olhos em cada palma, Kuan Yin pode ver todos os seres do mundo. Ela oferece apoio, orientação e luz àqueles que a invocam. É por isso que é conhecida como a Bodhisattva da Compaixão.

Tradicionalmente, na filosofia budista, quando um ser atinge a iluminação, ele se torna um Buda. Então, o que é um Bodhisattva? É um ser incrivelmente compassivo, que está no caminho da iluminação e do estado de Buda. Os Bodhisattvas têm amor, compaixão e energia aparentemente intermináveis.

Embora possamos nos referir a Kuan Yin como uma Deusa nesse contexto, na filosofia budista, os Budas e os Bodhisattvas evoluíram para um ser que não tem gênero. Kuan Yin é retratada como uma Deusa para representar suavidade, gentileza e compaixão, mas seu verdadeiro ser não tem gênero. Esse é um lembrete de que todos temos poderosas energias femininas e masculinas dentro de nós, e que cada um é completo dentro de si mesmo.

Frequentemente invocada na cultura asiática, Kuan Yin é uma Deusa muito respeitada. Em todo o Extremo Oriente, ela pode ser conhecida por diferentes nomes, como Gwan-eum na Coreia, Kuan Eim na Tailândia, Kanzeon no Japão e Quan Am no Vietnã. Em Taiwan e nos templos budistas que visitamos, ela é conhecida como Guanshiyin Pusah, que, traduzido do chinês para o inglês, significa "observando os sons (ou gritos) do mundo". Ela não é apenas uma Deusa muito respeitada e popular no Oriente, sua popularidade também se expandiu para o Ocidente.

A Deusa Kuan Yin pode ser vista de várias formas. Geralmente, ela é retratada sentada em uma lótus ou em pé. Ela veste uma túnica branca, simbolizando a pureza, e tem um halo de luz ao redor da cabeça, bem como colares dignos da realeza na tradição chinesa. Você pode vê-la retratada como a Deusa de mil mãos. Nossa representação favorita de Kuan Yin é quando ela está segurando um vaso de água na mão direita e um ramo de salgueiro na mão esquerda. O vaso contém o néctar da vida e é um símbolo de boa sorte; diz-se que ele cura qualquer doença ou pensamentos sombrios e ilusórios. O salgueiro é usado para aspergir as bênçãos do néctar. Outra versão de Kuan Yin retrata ela montada em um Dragão, e muitos pescadores a tratam como "Deusa do Mar do Sul". Independentemente de como ela se apresente, saiba que se você entoar seu nome ou seu mantra, *Om mani padme hum* (pronuncia-se om *money pad-may home*), ela virá até você e lhe trará milagres incríveis. Embora esse mantra esteja em sânscrito, ele é usado em todo o mundo.

Com Kuan Yin (e com muitos dos seres espirituais sobre os quais falamos neste livro), o segredo é estender a mão e pedir ajuda. Pedir a assistência divina reflete que você está no comando e que está reivindicando o que deseja criar na vida. Saiba que sempre estará totalmente no controle de suas próprias decisões, mesmo com a intervenção espiritual, e que, em última análise, é você quem deve agir. Lembre-se também de que os seres espirituais apoiam a manifestação a partir de um lugar de amor incondicional. Quando pede ajuda a Kuan Yin, essa Bodhisattva deve sempre confirmar que você está pedindo o bem maior para si mesmo e para todos os afetados. Então, ela entrará em cena e oferecerá orientação.

Quando você pede ajuda ao Espírito, não está se rendendo ou sacrificando nada a ele. Kuan Yin, assim como outros seres, honra o seu poder e sabe que você também é um Deus atualmente na forma física. Você é uma expressão direta do cosmos e ela vem para apoiar e lembrar de seus próprios poderes criativos.

Magia de Kuan Yin

A Magia de Kuan Yin é tão livremente presenteada a nós todos os dias, que podemos acidentalmente considerar essa magia como garantida. É o amor da Mãe Cósmica. Ela nos presenteia com tudo o que é para o nosso maior crescimento e evolução, tudo o que precisamos e muito mais. Seu reflexo pode ser visto nas abundantes florestas tropicais que fornecem uma variedade de alimentos, remédios, aventuras, animais e a própria vida no ar que respiramos. Sua compaixão está além da compreensão humana, pois, mesmo que violemos todas as leis e ultrapassemos todos os limites, quando pedimos seu amor, ela o dá a nós, amorosa e livremente. Se acidentalmente negligenciarmos ou danificarmos os presentes que ela nos deu, ela facilmente perdoa e volta a nos dar mais uma vez. Isso não nos dá permissão para simplesmente, e sem motivo, cometer erro após erro. No entanto, ela nos lembra que todos os aspectos de nós mesmos são amados e adoráveis, e que estamos em constante evolução e crescimento. Além disso, temos infinitas oportunidades de aprender e crescer, Kuan Yin é um exemplo incrível disso.

A visão de Kuan Yin está muito além da nossa. Ela consegue ver além das ilusões do desconforto atual ou dos erros percebidos. Ela vê o eterno ser mágico que somos, como extensões da energia da Fonte tendo uma experiência física. Seu foco e olhar sempre estarão voltados para os aspectos mais positivos de quem somos, porque isso é tudo o que ela vê e conhece. Seu amor nos dá espaço para corrigir o curso e retornar ao nosso caminho sagrado. O simples fato de chamar seu nome e estar em seu campo de energia preencherá você com o mais profundo amor da Mãe Cósmica.

O poder e o amor de Kuan Yin como Mãe Cósmica é uma força que vai além do que podemos compreender. Essa não é a mesma energia de preocupação, apreensão ou proteção que às vezes podemos sentir de uma mãe humana. A Mãe Cósmica permitirá ferozmente que você cometa seus próprios erros - desde que sejam para o seu bem maior -, ao mesmo tempo em que mantém o espaço e o orienta a cada passo do caminho para que sempre aterrisse em segurança. Em situações dramáticas e violentas, ela trará rapidamente a luz e a verdade. Quando estiver em qualquer tipo de perigo, chame o nome dela e ela chegará imediatamente; os milagres acontecerão mais rápido do que a sua mente humana pode compreender. A Mãe Cósmica lhe nutrirá de maneiras que você talvez nem soubesse que estavam faltando.

Essa é a Magia de Kuan Yin. Invoque-a com frequência e estabeleça uma conexão profunda com sua magia. Ela está sempre disponível para você.

História de Kuan Yin de Samantha

Quando eu ainda estava no ventre de minha mãe, ela viu uma estátua de Kuan Yin enquanto caminhava por um belo lago em Taiwan. Ela olhou para a flor de lótus sob os pés de Kuan Yin e decidiu que meu nome chinês seria Ding Bao Lien (*Ding/Ting* para meu sobrenome chinês e *Bao Lien* para Flor de Lótus) e, assim, meu nome passou a ser Samantha Ting Lotus Blossom Brown.

Kuan Yin está perto de mim desde que me lembro. Minha avó sempre me levava ao templo para oferecer incenso para Kuan Yin, e eu me sentia muito protegida por ela muitas vezes em minha vida. Quando eu ia ao templo, ainda criança, os diretores sempre diziam que eu tinha muito *Yuan*, ou destino, com Kuan Yin, e que eu deveria reservar um tempo para me conectar com ela; foi o que fiz.

Uma das minhas histórias favoritas envolvendo Kuan Yin ocorreu quando eu tinha vinte e poucos anos. Durante a maior parte da minha vida até aquele momento, eu recebia notas "A" em todas as matérias, mas quando me mudei para Xangai, comecei a receber "B" e "B+" de forma consistente. Pode parecer bobagem se sentir tão estressada por receber "B's" pela primeira vez na vida, mas essa era a minha realidade. Parecia que não importava o quanto eu estudasse, eu não sabia como progredir. Eu me sentia tão frustrada que estudar mais não estava mudando a situação. Minha saúde começou a piorar. Eu tinha dificuldade para dormir, pois estava muito preocupada com minhas notas. Por fim, comecei a ter ataques de pânico e não consegui dormir durante toda a semana dos meus exames. Todos os exames eram em chinês, e eu tinha acabado de aprender a ler e escrever esse idioma no verão anterior. Embora eu sempre tenha conseguido falar chinês mandarim, ler e escrever era algo totalmente novo para mim.

Minha mãe sempre foi ótima em encontrar soluções. Então, em um verão, quando eu estava em Taipei, Taiwan, ela procurou um hipnoterapeuta para mim. Ela me disse que não achava que meu nível atual de ansiedade fosse bom e que precisávamos ser proativas em relação a isso. Ela encontrou o hipnoterapeuta perfeito. Durante nossa primeira sessão, resolvemos uma das minhas feridas mais profundas de abandono. Desde que eu era criança, tinha uma sensação muito intensa de abandono quando meus pais estavam fora. Durante minha primeira sessão de hipnose, viajei para uma vida passada na qual foi revelado que eu era um bebê em uma cesta, deixado na porta da frente de uma família na Coreia. O pai me adorava, mas a mãe se sentia ameaçada por mim. Ela tinha outros três filhos e sempre me dava tarefas extras. Um dia, ela derramou água quente em minha perna, o que criou essa marca – uma marca de nascença que tenho na coxa direita até hoje. Para curar a ferida, fui levada ao curandeiro xamânico da aldeia. Foi quando prometi aprender e praticar a Medicina Chinesa.

As coisas mais estranhas começaram a acontecer depois de minhas primeiras sessões de hipnose. Primeiro, comecei a ver anjos e guias. Segundo, lembro-me de atravessar a rua um dia e pensar: "Não há pensamentos em minha cabeça". Minha mente estava completamente vazia. Eu estava acostumada a ter muitos pensamentos preocupantes, mas naquele momento, minha mente estava totalmente limpa. Essa incrível sensação de calma e tranquilidade tomou conta de mim. Naquela mesma noite, fui ao templo com minha mãe para comemorar o aniversário de Kuan Yin. Como parte do ritual, todos usavam preto e muitas pessoas choravam enquanto liam o sutra e se arrependiam de seus erros passados. Como meu Terceiro Olho havia sido aberto, pude ver o que realmente estava acontecendo. Acima do templo, vi todos os budas e Bodhisattvas dançando e usando roupas coloridas. Vi fitas de todas as cores, tecidas com ouro. Eles estavam dançando, cantando e comendo os alimentos mais deliciosos. Esse foi um momento de realização para mim – percebi que, de alguma forma, eu havia sido treinada para me concentrar e observar o sofrimento do mundo, quando, na verdade, a vida estava repleta de tanta beleza e maravilha. Naquele momento, vi que a vida deveria ser uma celebração cheia de cores! Isso ficou muito claro para mim.

Foi também nesse momento que vi uma imagem enorme de Kuan Yin derramando uma gota de água de seu vaso, uma gota de água que envolvia todo o templo. Ela estava ativando a consciência alegre de todos nós naquele momento. Depois disso, nunca mais fui capaz de sentar e fazer oito horas de mantras em uma posição desconfortável, usando roupas que não pareciam um reflexo de mim. Eu sabia que a liberdade, a vida e a celebração eram o verdadeiro caminho.

Kuan Yin continuou a aparecer em minha vida e sou sempre grata por isso. Recomendo enfaticamente que você se conecte com ela e entoe seu mantra para ver que presentes mágicos e encantadores ela pode trazer para você.

História de Kuan Yin de Pamela

Minha conexão com Kuan Yin não é apenas uma história, mas uma combinação de muitas experiências que me levaram a perceber a infinidade de dons que ela oferece. Quando Samantha e eu estávamos escrevendo este livro, tive outras revelações sobre ela.

Eu havia sido iniciada com Kuan Yin quando era pequena, rezando para ela e reivindicando-a como minha Deusa nos templos. Quando eu tinha quatro anos, um mestre do templo me disse que ela era minha Deusa pessoal e que era principalmente a ela que eu deveria orar. Então, recebi um japamala para esse propósito e tenho orado a ela desde então. O engraçado é que nunca associei seu nome chinês à versão em inglês, "Kuan Yin", até recentemente, enquanto conversava com Sam sobre este livro. Desde que me mudei para os Estados Unidos ainda jovem, associei as palavras chinesas a um objeto ou item, não à sua tradução, por isso pensei que o nome chinês de Kuan Yin era uma Divindade e seu nome em inglês era outra. Eu estava até preocupada em não poder contribuir para este capítulo, porque achava que nunca tinha tido uma conexão com Kuan Yin – até que percebi que ela é a mesma Deusa para a qual venho orando há décadas! O Universo trabalha de forma misteriosa. Agora que percebi nossa conexão, quero compartilhar todas as maneiras pelas quais me conectei com Kuan Yin ao longo de minha vida.

Uma coisa em que Kuan Yin teve impacto foi em meu perfeccionismo. Durante anos, eu achei que precisava ser perfeita. Com a ajuda de Kuan Yin, percebi que não precisava forçar as coisas a acontecerem e, em vez disso, podia confiar no tempo divino para o meu bem maior. Outra programação negativa que eu havia alegado durante os estágios iniciais da jornada de minha vida era que eu tinha que realizar muito no início da vida ou não poderia ser bem-sucedida. Portanto, quando eu tinha vinte e poucos anos, sempre que surgia uma oportunidade, eu dava a desculpa de que era "velha demais". Essa crença limitadora surgia toda vez que eu queria expandir e evoluir. Por exemplo, não me formei na faculdade porque, na época, não tinha dinheiro para terminar o curso e, aos 22 anos, quando estava ganhando dinheiro suficiente para finalmente terminar, disse a mim mesma que estava velha demais para voltar a estudar. Houve também uma época em que eu queria me tornar controladora de tráfego aéreo e inventei a desculpa de que estava muito velha, embora ainda fosse jovem o suficiente para ser aceita no programa naquela época.

Foi durante meus trinta anos que saí do ciclo de pensar que não era suficiente e que era velha demais para fazer qualquer coisa. Como parte de meu trabalho espiritual com Kuan Yin, consegui liberar muitas crenças e padrões antigos que não me serviam mais, libertando-me para perseguir todos os meus sonhos, independentemente da idade que eu tivesse! Estou onde estou hoje, porque aproveitei as energias compassivas dessa Deusa para mim mesma, adotei a programação de já viver uma vida realizada e parei de tentar alcançar ou agarrar "coisas" externas, como mais dinheiro, um emprego melhor ou objetos materiais. Quanto mais eu me conectava com Kuan Yin, mais eu aprendia a ser feliz onde estava agora, no momento presente, e a necessidade de me comparar com os outros desaparecia. Aprendi que comparar meu ponto de vista com o dos outros me distraía e me impedia de me concentrar em minha própria jornada e em minha própria alegria.

A partir dessa nova perspectiva, agora sei que nunca sou velha demais – ou jovem demais – para realizar qualquer coisa, porque as coisas estão sempre alinhadas com o meu melhor e mais elevado bem e com a perfeição do momento divino. Nunca há uma oportunidade ou sonho que seja grande demais para qualquer um de nós. Se o desejamos, então ele – ou algo melhor – está em nosso destino. Todos os nossos desejos são o que nos leva a conhecer a nós mesmos e ao nosso propósito de vida, mesmo que pareçam fora de alcance no momento. Kuan Yin está sempre me lembrando de que, se eu desejo algo, basta definir minha intenção e seguir o caminho para manifestá-lo. Talvez eu tenha mais sucesso do que meus sonhos mais loucos ou talvez apareça algo mais adequado para mim, de qualquer forma, tudo faz parte da minha experiência de vida única e a jornada em si é o que me traz alegria.

Incentivamos você a fazer de sua vida uma aventura. Saia e encontre a pessoa ou algo que possa ajudar você a atingir suas metas. Você possui uma energia mágica e cocria a própria vida. Pode manifestar qualquer coisa que desejar. Se precisar de uma pequena ajuda, peça orientação a Kuan Yin, pois ela está sempre ao seu lado. Tudo o que precisa fazer é invocar o nome dela e solicitar sua assistência, e ela virá em seu auxílio.

Quando eu era jovem, ouvia uma canção de mantra de Kuan Yin todas as noites e me sentia protegida. Quando me sentia sozinha, eu me dirigia à Deusa e sentia que alguém estava cuidando de mim. Eu sempre soube que ela era real, não só por causa de todos os resultados que vi em minha vida depois de trabalhar com ela, mas também porque um amigo da família tirou uma foto das nuvens em uma viagem de avião e, quando imprimiram a foto, era uma imagem em preto e branco de Kuan Yin. Ela esteve sempre ao meu lado, ajudando-me, durante grande parte de minha vida, e faz o mesmo com muitas outras pessoas que conheço e com quem trabalhei. Espero que você também possa se conectar com ela e vivenciar seus próprios milagres.

Como Montar seu Altar de Kuan Yin

Rezar para Kuan Yin pode ajudar você a realizar coisas em todas as áreas da sua vida. Essa Bodhisattva está aqui para guiar você gentilmente em direção à realização de suas intenções, e ela o faz com uma graça amorosa. Kuan Yin é uma Divindade compassiva e onisciente que fornecerá insights e o fará com amor. Prepare seu Altar de Kuan Yin para manter um espaço para honrar e se conectar com essa divina Bodhisattva, para invocar seus desejos e para estar totalmente presente no momento.

Aqui estão algumas ferramentas relacionadas à energia de Kuan Yin que você pode usar para decorar seu altar. Essas sugestões foram orientadas por Kuan Yin em uma canalização meditativa que realizamos para este livro. Sinta-se à vontade para acrescentar ferramentas que lhe sejam familiares ou quaisquer outras que tenhamos discutido. Lembre-se sempre de que a energia de Kuan Yin é repleta de compaixão, amor incondicional e bondade.

Cristais de Kuan Yin

Água-marinha
Jade
Aventurine

Oferendas de comida para Kuan Yin

Bolos doces
Arroz
Frutas
Vegetais

Cores da Kuan Yin

Branco
Azul
Pastel

Cartas de Tarô da Kuan Yin

Os Enamorados
O Julgamento
A Alta Sacerdotisa

Símbolos de Kuan Yin

Flor de Lótus
Sândalo
Água

Você pode criar uma cerimônia diária para honrar Kuan Yin. Pode ser algo simples, como saudar seu Altar de Kuan Yin todas as manhãs, acendendo uma vela, fazendo suas orações, agradecendo, oferecendo comida e bebida, acendendo um incenso ou declarando uma intenção para o dia. Você também pode recitar comandos, afirmações ou mantras em frente ao seu altar.

Depois de terminar de montar o Altar de Kuan Yin, ative-o chamando a Bodhisattva usando as instruções da próxima seção.

Encontrando a Divindade Kuan Yin

Kuan Yin é a Bodhisattva das bênçãos divinas e da compaixão, e tem o toque mais doce. Quando você desejar nutrição, amor e intimidade no nível mais profundo, invoque Kuan Yin. Seu espírito compassivo está pronto e disponível, especialmente quando estiver passando por momentos pesados ou sombrios. Simplesmente ative sua consciência e ela chegará, aparecendo para você das maneiras mais milagrosas.

No livro *The Tao of Craft*, de Benebell Wen, ela explica como o uso de mantras e a recitação do nome de Kuan Yin são semelhantes às frequências de rádio.[10] Muitas vezes, quando você se encontra em um caos, de mau humor ou em uma situação difícil, é simplesmente porque seu corpo e seu cérebro estão sintonizados em uma frequência específica que pode parecer confusa. Para reiniciar rapidamente seus campos de energia e acessar uma nova frequência, conecte-se com a Bodhisattva Kuan Yin.

Lembre-se de que Kuan Yin é um ser eterno e tem energia infinita. De sua perspectiva, Kuan Yin fica muito feliz quando dedicamos tempo para nos sintonizarmos e nos conectarmos com ela. Isso nunca esgota sua energia e, de fato, gera mais energia boa, porque a energia é infinita.

Reserve um momento para criar um espaço sagrado. Sentar-se em sua almofada de meditação favorita pode ser uma boa ideia. Talvez você queira ter um vaso de flores à sua frente. Ter um japamala em mãos também é um belo gesto.

Quando estiver confortável, convide a luz dourada para preencher o ambiente ao seu redor. Feche os olhos e visualize-se serenamente embaixo de uma Árvore Mandarim. Sinta a fragrância das tangerinas e as sensações edificantes que esse aroma lhe proporciona. Sinta um leve sorriso em seu rosto, um sorriso que vem de dentro para fora.

Use o mantra *Om mani padme hum*, repetindo-o 108 vezes. Normalmente, há 108 contas na maioria dos japamalas tradicionais. Ao falar, sinta as cabeças das contas do japamala. Quando chegar à conta

10. Wen, *The Tao of Craft*, 147.

que tocou quando começou, você saberá que entoou o mantra 108 vezes. Enquanto entoa o mantra, visualize fitas de luz rosa fluindo para dentro e para fora do espaço do seu coração. Entre na ressonância do amor incondicional enquanto invoca Kuan Yin com rapidez e facilidade. Perceba que todas as outras energias se desprendem de seu corpo à medida que seu campo de energia começa a se encher de luz rosa. Note que sua energia está vibrando em uma frequência mais alta, o que lhe permite saber que se aproximou da ressonância com Kuan Yin.

À medida que sua frequência se torna cada vez mais alta, observe como Kuan Yin entra no espaço e se senta ao seu lado. Você pode sentir o amor radiante que emana dela. O simples fato de estar perto da energia de Kuan Yin aumenta a sua vibração e ajuda a elevar o seu campo energético para uma consciência vibracional mais alta que se sintoniza com a sua linha do tempo atual. Tudo em sua mente e corpo se suaviza. Você sente uma sensação de tranquilidade na presença dela e sabe que coisas maravilhosas estão prestes a ser reveladas. Ao sentar-se com Kuan Yin, atalhos para os desafios da vida começam a ser revelados, caminhos que nunca imaginou serem possíveis. É hora de ver que todas as respostas e soluções estiveram com você o tempo todo e que são mais simples do que poderia esperar.

Kuan Yin coloca a mão sobre o seu Chakra Coronário e traz luz dourada para a sua essência. Todo o seu corpo brilha de alegria. A mais profunda e intensa sensação de amor toma conta do seu ser. Sentir essa sensação de amor abre um mundo totalmente novo. Você começa a ver o cosmos e o multiverso dentro de seu próprio corpo. Suas células se iluminam com cores, luzes brilhantes e fluxos de consciência. Ao testemunhar os trilhões de células de que é feito, você se torna consciente de um amor-próprio profundo e reverente. O amor-próprio leva à ativação e ao despertar. Sua respiração se aprofunda à medida que continua a se conectar com Kuan Yin.

Conforme essa energia compassiva persiste a fluir em seu interior, você reconhece um amor tão profundo, que jamais havia experimentado. “Este é o seu poder”, Kuan Yin sussurra e sorri gentilmente. A iniciação agora está concluída. Ela deixa o espaço depois de informar que você pode se conectar com ela a qualquer momento. Cada vez que se conectar com ela, uma nova mensagem e uma nova iniciação estarão prontas para você. Essa meditação foi apenas o início de muitas transmissões.

Comece a retornar ao seu ambiente, mexendo os dedos das mãos e dos pés. Você pode sentir a leveza e o brilho do seu campo de energia recém-atualizado. Uma sensação de paz toma conta do seu ser à medida que sua serenidade recém-descoberta é gerada. Ao longo do dia, você poderá ver o mundo com novos olhos e uma nova perspectiva, mais tranquila.

Ritual de Busca de Kuan Yin

Kuan Yin é uma Bodhisattva compassiva e poderosa que pode iluminar respostas ou pistas para ajudar a resolver seus desafios. Sempre há desafios na vida, mesmo para as pessoas que estão em um caminho espiritual há muito tempo, pois é por meio deles que crescemos e nos expandimos. A diferença entre um praticante iluminado e alguém que acabou de iniciar o caminho é como os desafios são percebidos. Pense em cada problema como uma oportunidade para evoluir, em vez de algo que restringe você. Tente encarar isso como um convite para encontrar uma solução e seguir em frente.

Esse belo ritual permitirá que receba orientação divina e encontre as respostas que procura com mais facilidade e em tempo hábil. Ao invocar a Bodhisattva Kuan Yin dessa forma, poderá criar suas próprias sincronicidades na vida, alinhando mais prontamente e plenamente seus desejos. Você usará o mantra de Kuan Yin *Om mani padme hum* para invocá-la.

A parte mais importante desse ritual é a paciência. Talvez você tenha que esperar pacientemente para receber mensagens e, mesmo assim, deve permitir pacientemente que sua jornada se desenrole. Com a ajuda de Kuan Yin, você aprenderá a cultivar o seu poder interior e a cocriar uma realidade que esteja alinhada com o seu propósito e presenteie você com bênçãos e realizações.

Para se preparar para o ritual, primeiro vai precisar se conectar com Kuan Yin usando a meditação da seção anterior deste capítulo. Depois disso, reúna estas ferramentas mágicas:

- Caneta
- Desenho ou imagem impressa de Kuan Yin, ou uma estátua dela
- Diário
- Japamala (opcional)
- Sua intenção (qual bênção você gostaria de receber de Kuan Yin)
- Vela branca

Limpe seu espaço sagrado e o Altar de Kuan Yin com uma varinha ou spray de ervas e prepare suas ferramentas mágicas para o ritual. Certifique-se de estar em um local livre de interrupções. O ritual pode ser tão longo quanto quiser, dependendo do tempo que deseja permanecer na energia de Kuan Yin e do tamanho da sua vela.

1. Na frente de suas ferramentas mágicas e do altar, respire fundo e traga sua consciência para o momento presente. Acenda a vela branca enquanto diz em voz alta suas esperanças para esse ritual.
2. Depois de acender a vela, sente-se em posição de lótus no chão e feche os olhos. Comece a entoar o mantra *Om mani padme hum*. Entoe esse poderoso mantra 108 vezes para invocar Kuan Yin, concentrando-se o tempo todo em sua intenção.[11] Você pode usar um japamala neste momento, se desejar, para ajudar você a entoar o mantra. Se não tiver um japamala, pode contar os encantamentos do mantra com os dedos ou em sua mente. Não

11. Cantar um mantra 108 vezes teve origem no hinduísmo, mas com o movimento do budismo, foi adotado na China no século 7 e é usado por muitos mestres, monges e praticantes. Também pode dizer o mantra 3, 11, ou 13 vezes se 108 for muito. Acredita-se que estes são números favoráveis poderosos e foram-nos ensinados pela alquimia do som e pelos instrutores de yoga Kundalini (Cushman, *A Little Bit of Mantras*, cap. 4). Escolha o número que lhe parecer mais adequado.

se preocupe muito com a contagem – seu foco principal deve ser mergulhar no som e na sensação do mantra.

3. Quando terminar de entoar o mantra, abra os olhos e olhe para a estátua ou imagem de Kuan Yin. Verbalize sua intenção mais uma vez, agradecendo à Deusa por lhe proporcionar esse desejo. Certifique-se de declarar sua intenção como se ela já tivesse acontecido.
4. Enquanto a vela estiver acesa, pegue seu diário e comece a listar vinte e duas maneiras de atingir suas metas, mesmo que a ideia pareça muito desafiadora no momento. Escreva o que vier à mente primeiro, pois esses são downloads que você está recebendo de Kuan Yin. Independentemente de agir com todas elas ou não, cada ideia criará uma nova inspiração, deixando você um passo mais perto de suas metas. Se vinte e duas ideias foram fáceis de escrever, então escreva trinta e três. A meta é chegar a um ponto em que você sinta que não tem mais ideias e, depois disso, escrever mais cinco a dez. Isso permitirá que expanda seu recipiente de sucesso e receba mais abundância.
5. Quando terminar de escrever todas as maneiras pelas quais poderia agir para atingir suas metas, faça um círculo em torno das três que mais atraem você no momento. Essas podem ser as ideias que lhe trazem mais alegria ou podem simplesmente se destacar por algum motivo. Se sentir um chamado para mais de três, circule-as também. Deixe a intuição guiar você.
6. Depois de fazer um círculo em torno das ações que mais atraem você, coloque o diário de lado e deixe a vela se apagar. Não deixe a vela sem supervisão depois de acesa. É sempre melhor que a vela queime por completo. No entanto, se tiver que sair da sala antes de a vela derreter completamente, pode apagá-la. Depois, quando achar que está na hora de terminar o ritual, pode acendê-la novamente e dizer a sua intenção. O ritual só será totalmente ativado quando a vela parar de queimar. Somente então, poderá descartar os restos de cera na lata de lixo.

7. O mais importante de tudo é entrar em ação! Saia e faça as três (ou mais) coisas que marcou em sua lista. Se você se dedicar a essa magia e mostrar a Kuan Yin a seriedade com que deseja realizar o seu desejo, a recompensa virá! Nos próximos três dias, preste atenção às mensagens de músicas, livros, pessoas ou até mesmo coisas aleatórias que aparecerão de repente em seu caminho. Um sinal poderoso a ser observado são os números divinos como 111, 222, 333 e assim por diante. Eles estão lhe dizendo que você está no caminho certo!
8. Não deixe de visitar o seu altar diariamente para compartilhar com Kuan Yin o que realizou, o que fará em seguida e como se sente. Tenha consciência do que está dizendo ao falar com ela – se disser que é fácil, será fácil, mas se continuar dizendo "Isso é tão difícil", será difícil. Sempre que precisar de um impulso de energia ou orientação, entoe o mantra *Om mani padme hum* e peça a ajuda de Kuan Yin.

Ativações de Códigos Sagrados

A rica compaixão de Kuan Yin está muito além do que nossas mentes humanas podem compreender. Como espécie, alguns dizem que nós, seres humanos, ainda estamos na infância quando se trata da experiência real do amor. O momento perfeito para se conectar com Kuan Yin é quando você deseja aumentar o amor-próprio e a compaixão. Kuan Yin ajuda a suavizar as arestas e a ver o mundo como a perfeição que ele já é. Ela abrirá seus olhos para a beleza e a generosidade da vida, a facilidade e o amor que já estão disponíveis para você no aqui e agora. Esse mandamento é perfeito para ser consultado quando precisar colocar seu cérebro e seu corpo de volta em um estado de ser orientado para a solução. Kuan Yin sempre guiará você com amor de volta à magia do momento presente.

Mandamentos de Kuan Yin

"Compassiva Bodhisattva Kuan Yin, como uma expressão direta do Divino, peço que infunda mais vida, amor e celebração em meu mundo. Permita-me sentir facilidade onde vejo dureza. Ensine-me a suavizar meus pensamentos e a trazer paz ao meu coração. Guie-me para ver e confiar no fluxo da vida. Nas áreas em que estou controlando, ensine-me a confiar. Abra meu corpo, mente e espírito para os reinos multidimensionais de recepção que talvez eu não consiga perceber atualmente em meu corpo tridimensional. Aumente minha capacidade de ser um excelente receptor de luz, amor e felicidade. Abra portas, portais e caminhos para que eu possa me conectar ao amor do Criador. Eleve minha vibração para que eu possa ver o mundo com novos olhos e escolher o caminho alegre que está disponível para mim e para todos. Que esta oração seja selada com luz dourada e amor."

Mantras de Kuan Yin

Ao trabalhar com os Mantras de Kuan Yin, você também deve se concentrar mais na celebração da vida. Observe os pequenos momentos que podem lhe trazer alegria. Quando você fica feliz com as pequenas coisas, está enviando um sinal para si mesmo e para o Universo de que gostaria de receber mais dessas coisas.

Os mantras são nutritivos. Saiba que quando recita palavras que fazem se sentir bem, essas palavras são os nutrientes certos para você no momento. Alimente-se de belas palavras e pensamentos para criar experiências ainda mais belas em sua vida. Kuan Yin está com você em todas as suas criações.

Use Mantras de Kuan Yin para manter-se em um estado de alta vibração. Você pode decidir se concentrar em um ou mais dos listados aqui ou criar o seu próprio mantra. Gravar e ouvir um mantra pode ser útil; você também pode escrevê-lo ou recitá-lo para um amigo. Ouça sua intuição.

- Cada dia de minha vida merece ser celebrado, e eu estou disponível para receber cada gota de bondade que o dia tem para mim.
- Como um ser multidimensional, sou capaz de receber mais do que já experimentei.
- Sabendo que evoluí, eu me dou permissão para experimentar e desfrutar das coisas boas da vida.
- A cada dia, eu me permito receber mais e comemorar mais.
- Sei que quanto melhor for, melhor será – e estou em condição de receber algo ainda melhor do que posso imaginar.
- Sei e confio que o Universo entrega tudo o que é destinado a mim.
- Em todo e qualquer momento, recebo apoio e proteção dos poderes do Universo.

Comandos de Ascensão de Kuan Yin

A beleza é um superpoder. O prazer é um superpoder. Fazer a si mesmo as perguntas certas é outro tipo de superpoder. Kuan Yin tem um tipo de magia suave e poderosa. Ela lembra de que a desaceleração é a forma de acelerar a vida. A qualidade que você infunde em uma experiência é onde está a magia. Consulte estas instruções de ascensão sempre que desejar ver o mundo através das lentes de Kuan Yin. Deixe que ela lembre você da beleza que já está aqui presente. Sentir-se bem pode realmente alterar os resultados que você obtém e as experiências que vivencia na vida. Às vezes, é a menor mudança que causa a transformação mais profunda.

1. No seu universo, como é possível criar mais momentos de celebração? Como planejar momentos futuros para comemorar e preparar a celebração antes mesmo de alcançar o que se deseja?
2. De que forma poderá tornar seu mundo atual mais bonito? Você poderia deixar sua comida mais colorida? Poderia colocar flores em sua mesa? Que pequenos ajustes fariam seu mundo parecer mais calmo, pacífico e sereno?

3. Quais palavras poderia usar para demonstrar amor às pessoas ao seu redor? Há pequenos elogios que você pode compartilhar aqui e ali? Quem em sua vida se beneficiaria mais com isso?
4. De que forma pode desacelerar? Você pode saborear cada gole de chá? Pode tirar um momento para sentir a luz do sol e admirar o céu? Que pequenos momentos de felicidade pode criar para si mesmo ao longo do dia?
5. Se soubesse que o amor, a beleza e a alegria são importantes em sua vida, o que faria de diferente? Que novas decisões tomaria?

Mensagem Canalizada por Kuan Yin

"O mundo é mais colorido, belo e brilhante do que parece. Concentre-se em ver mais da celebração da vida a fim de criar mais para celebrar. Desvie sua atenção do que não pode controlar. Em vez disso, confie no fluxo da vida, pois tudo é criado de acordo com o tempo divino."

– Kuan Yin

Capítulo Oito

O Buda Risonho

Com um sorriso, você ganha dez anos a mais de vida.

– Provérbio Chinês

Um aviso justo do Buda Risonho: ao entrar nas energias deste capítulo, a alegria poderá surgir de forma inesperada. Quando isso acontece, é a confirmação de que está no caminho certo e deve continuar a trabalhar com o Buda Risonho. Se quiser ativar os milagres da celebração e do sucesso agora mesmo, vá em frente e coloque um sorriso em seu rosto. É isso mesmo – sorria e sinta sua energia se elevar e seu coração se abrir. Você vai se deliciar com este capítulo. Sorria!

O Buda Risonho diz: "Não se trata de viver uma vida perfeita, mas uma vida que seja perfeita para cada um de nós". Cada pessoa é única e tem desejos diferentes. Todos nós temos nossos próprios desejos e necessidades, e não precisamos ter medo de reivindicá-los. Independentemente do que a sociedade, os amigos ou a família possam dizer, não há nada que tenhamos de fazer ou ser para sermos bem-sucedidos – nós determinamos nosso próprio sucesso. O Buda Risonho dá o exemplo de viver a vida em nossos próprios termos. O que mais traz alegria ao Buda Risonho é ficar sentado, relaxar, rir e se divertir.

Uma estátua do Buda Risonho geralmente o representa relaxando e sorrindo. Ele é retratado com uma cabeça careca e uma barriga protuberante. A barriga representa a poderosa energia *qi* que ele cultivou para obter prosperidade, sorte e alegria. Às vezes, ele também carrega um saco na mão, que simboliza as lutas e frustrações de uma pessoa – ele está disposto a segurar esse saco em nome de todos que precisam de ajuda. Muitas estátuas também mostram o Buda Risonho sentado sobre dinheiro ou ouro. Ele é um símbolo muito popular e favorável no Feng Shui, utilizado para trazer boa sorte. É melhor colocar uma estátua do Buda Risonho voltada para a porta da frente, perto da entrada da casa, para mostrar ao mundo que você está recebendo mais abundância e riqueza em sua vida. Uma prática mágica popular que nos foi ensinada quando éramos meninas era esfregar a barriga do Buda Risonho para dar sorte sempre que passássemos por ele. Também nos ensinaram a importância de pedir o que queríamos enquanto acariciávamos sua barriga, não deixando de agradecer no final.

O Buda Risonho tem origens diferentes em toda a Ásia. De acordo com as histórias dos monges dos templos taiwaneses que ouvimos quando estávamos crescendo, o Buda Risonho era um monge chamado Budai que estava sempre feliz e cheio de alegria. Nas histórias que nossos pais nos contavam, diziam que ele era o futuro Buda. Assim como o Buda Shakyamuni foi o principal Buda de nossa era, o Buda Risonho (também chamado de Buda Maitreya) terá o mesmo papel de professor que o

Buda Shakyamuni teve e ensinará as gerações futuras. No Japão, *Budai*, que significa "saco de pano", é chamado de *Hotei*. O Buda Sorridente é um dos Deuses da Sorte do xintoísmo japonês. Não importa onde você esteja ou quem representa, o Buda Risonho traz boa sorte para qualquer pessoa pronta para invocar a abundância que ele oferece.

Magia do Buda Risonho

A Magia do Buda Risonho é um dos remédios mais profundos a que temos acesso em nosso tempo. Quando desaceleramos para analisar uma situação, sempre podemos encontrar um lugar que contém o riso ou uma nova vida se olharmos com bastante atenção, mesmo quando parece difícil. Vivemos em um mundo que é simplesmente uma peça de teatro, com personagens, cenas e palcos. Quando damos um passo atrás e olhamos para a vida dessa forma, talvez consigamos ver como é hilária a experiência de tudo isso.

Pode ser que sinta frustração por uma situação, mas se parar por um minuto para observar de uma perspectiva mais ampla, perceberá que é apenas um pequeno ponto em um Universo infinito. Dentro desse Universo infinito, o tempo é interminável. Os momentos que consideramos difíceis simplesmente desaparecem quando percebemos como tudo acrescenta cor, sabor e, às vezes, entretenimento a essa coisa que chamamos de "vida". Nos momentos difíceis, podemos achar difícil rir, mas quando olhamos para trás, anos depois, muitas vezes também encontramos a alegria nessas experiências. À medida que avançamos em direção a um maior domínio emocional, o Buda Risonho está conosco para demonstrar a rapidez com que podemos decidir retornar à nossa alegria e acessá-la. A alegria está sempre disponível para nós, não importa o que aconteça, a qualquer momento e em qualquer situação. Optar por encontrar o humor em uma situação pode trazer uma nova perspectiva para todas as áreas da vida. Podemos descobrir que, quando estamos rindo, as pessoas ao nosso redor não conseguem deixar de rir também.

A Magia do Buda do riso é a centelha de prazer puro e poderoso do Universo. Há muita coisa disponível para você quando se sintoniza com essa frequência. Quando uma tarefa parecer árdua ou difícil, você pode se sintonizar com a capacidade de se fazer rir e encontrar a alegria nessa tarefa. Essa simples mudança de perspectiva pode relaxá-lo tanto que irá perceber que a tarefa difícil é alegre e cheia de luz. Os mestres que compreendem plenamente a Magia do Buda Risonho sabem como acessar rapidamente esse estado. Ao continuar a praticar, você descobrirá que esse estado se torna uma segunda natureza.

O mundo começa a se curar à medida que mais e mais pessoas acessam o reino da alegria e diversão. Temos imensa gratidão pela Magia do Buda do Riso.

História do Buda Risonho de Samantha

Você já ouviu a frase "Quanto melhor fica, melhor vai ficar"? Sempre que me conecto com o Buda Risonho, é disso que me lembro. Quando eu potencializo um momento e decido me sentir muito, muito bem no presente, estou criando um caminho que atrairá mais coisas boas para mim no futuro.

O Buda Risonho sempre foi um grande amigo meu. Quando eu era criança, em Taiwan, meu pai e eu percorríamos um caminho pavimentado nas montanhas para encontrar o grande Buda Risonho dourado que ficava ao longo dele. Essa era nossa rotina todas as manhãs. O sol batia em nossos rostos enquanto caminhávamos por entre as folhas e árvores tropicais, subindo o caminho ventoso, até chegarmos em frente ao Buda Risonho. Eu sempre via meu pai rindo também. De certa forma, ele era a personificação do Buda Risonho e sempre me lembrava de que as coisas nunca eram tão difíceis ou tão sérias quanto pareciam.

Em uma manhã cintilante, acordei e ouvi as palavras "Santa Bárbara". Esse acabou sendo um momento profundo para mim: em primeiro lugar, porque eu nunca tinha ouvido falar da cidade antes, e também porque minha intuição geralmente não vinha na forma de clariaudiência. Comecei a pesquisar Santa Bárbara no Google, achei a cidade tão bonita, que decidi criar um quadro de visualização com várias fotos dela.

Eu vinha percebendo que o clima sombrio de Vancouver, Washington, não estava me agradando muito, mas não sabia o que queria. No entanto, eu estava pedindo mais alegria em minha vida, e o Buda Risonho ouviu minhas preces. Um ano depois daquela fatídica manhã, decidi visitar a cidade por uma semana e me apaixonei por ela. Um ano depois disso, mudei-me para Santa Bárbara, Califórnia. Eu não sabia nem imaginava que existia uma cidade tão mágica, divertida e bonita! Eu adorava todas as pessoas, a arquitetura e as plantas de Santa Bárbara – a cidade inteira parecia tão elegante e vibrante.

Mudar para um novo estado foi um salto ousado e corajoso para mim, e o Buda Risonho me guiou em cada passo do caminho. Quando me mudei para Santa Bárbara, muitas coisas maravilhosas começaram a acontecer. Meu lado lógico estava preocupado com a possibilidade de conhecer novas pessoas e de retomar meus negócios, mas cada passo estava à minha frente! Um dia, o Buda Risonho me orientou a tomar um *brunch* em um lugar específico onde conheci uma mulher fabulosa. Ela me convidou para uma festa e me apresentou a outras vinte mulheres mágicas. A partir daí, meu círculo de amizades cresceu e, com toda a luz do sol em minha vida, acabei me divertindo muito mais trabalhando em meus negócios e meu treinamento on-line realmente decolou. Às vezes, minha mente ficava muito séria, mas o Buda Risonho me lembrava que as coisas sempre eram mais alegres do que pareciam e que eu precisava simplesmente relaxar e aproveitar a viagem.

Naqueles momentos em que você não tem a menor ideia do que vai fazer em seguida, relaxe, brinque, mantenha-se disponível às possibilidades, renda-se e sintonize-se com o Buda Risonho. Você começará a ver que tudo no mundo tem potencial para a alegria e começará a criar milagres.

História do Buda Risonho de Pamela

O Buda Risonho está presente em minha vida desde que eu era jovem. Lembro-me de ir ao templo e esfregar a grande barriga do Buda para obter boa sorte em Taiwan. Sempre tentei fazer coisas que me trouxessem alegria, cercar-me de risos e estar aberta à boa sorte. No entanto, às vezes eu ainda não tinha certeza se estava tomando as decisões certas. Nesses momentos, eu conversava com o Buda Risonho. Esta é uma história sobre um desses momentos.

Fui convidada a participar de um evento de empreendedorismo de fim de semana. Eu não tinha muita certeza do que esperar do evento, porque não conhecia muitas pessoas da comunidade, mas alguns dos meus melhores amigos de negócios estavam participando, então decidi ir também. Fiz um ritual do Buda Risonho antes do evento porque queria me divertir muito e fazer com que cada dia parecesse uma celebração. Também queria fazer contatos e garantir algumas colaborações, e talvez conhecer um ou dois novos clientes. Enquanto sintonizava minha consciência e percepção com o Buda Risonho, recebi uma mensagem muito específica dele para ir a uma área com muitas flores. Anotei a mensagem e lembrei-me de que deveria procurar esse espaço no evento. Quando o ritual foi concluído, senti-me supervalorizada em minha decisão de ir ao evento e sabia que ele seria incrível.

Aquele fim de semana acabou sendo muito divertido. Tive experiências incríveis e conheci muitos novos amigos. Também recebi alguns clientes novos. Todos também ficaram muito interessados em meus baralhos de tarô e algumas pessoas compraram na hora depois de me conhecer. Eu ri muito no evento. Na verdade, meu grupo era a vida da festa – todos queriam sair conosco! Também encontrei aquele espaço com muitas flores, onde acabei conhecendo outra empreendedora espiritual. Agora somos grandes amigas e continuamos a nos apoiar mutuamente.

Durante todo o fim de semana, celebrei minha vida com alegria, tanto o que já havia acontecido quanto o que estava por vir. Pude refletir sobre tudo o que passei e tudo o que conquistei. A influência do Buda Risonho estava definitivamente comigo naquele fim de semana, e sei que ele compartilhará alegremente sua energia de alta vibração com você também. Sempre pode haver mais risos e celebrações na vida, especialmente quando compartilhamos essa energia com outras pessoas.

Como Montar seu Altar do Buda Risonho

Seu Altar do Buda Risonho está aqui para ajudar você a aproveitar sua vida. É um lembrete visual para comemorar as grandes e pequenas vitórias o tempo todo. Quanto mais energia e foco colocar na ativação da felicidade, mais a atrairá para sua vida. Sempre que estiver triste e precisar de uma infusão de alegria, dirija-se ao seu Altar do Buda Risonho para receber um estímulo mágico.

Aqui estão algumas ferramentas relacionadas à energia do Buda Risonho que você pode usar para decorar seu altar. Essas sugestões foram orientadas pelo Buda Risonho em uma canalização meditativa que realizamos para este livro. Sinta-se à vontade para acrescentar ferramentas que lhe sejam familiares ou quaisquer outras que tenhamos discutido. Lembre-se sempre de que o Buda Risonho quer que você aproveite a vida, seja feliz e dê boas-vindas à boa sorte.

Cristais do Buda Risonho

Citrino
Quartzo-fumê
Quartzo-transparente

Oferendas de Comida para o Buda Risonho

Arroz
Vegetais
Frutas

Cores do Buda Risonho

Amarelo
Marrom
Verde

Cartas de Tarô do Buda Risonho

O Louco
A Imperatriz
O Sol

Símbolos do Buda Risonho
Ventilador
Mochila ou Saco
Contas de Oração

Crie uma cerimônia divertida para homenagear o Buda Risonho diariamente. Pode ser algo simples, como saudar seu Altar do Buda Risonho todas as manhãs, acender uma vela e dizer uma intenção para o dia. Você também pode recitar comandos, afirmações ou mantras em frente ao seu altar. Se tiver uma estátua do Buda Risonho, sinta-se à vontade para esfregar a barriga dele para obter boa sorte.

Depois de terminar de montar o Altar do Buda Risonho, ative-o chamando o Buda Risonho usando as instruções da próxima seção.

Encontrando o Buda Risonho

Conectar-se ao Buda Risonho pode ser um dos remédios mais mágicos que poderá oferecer a si mesmo. O fato de poder criar e escolher esse nível de leveza e facilidade o tempo todo parece simples, mas pode transformar toda a trajetória de sua vida.

Reserve um momento para encontrar sua almofada favorita. Sente-se confortavelmente e sinta o movimento suave em direção à leveza, à alegria e à facilidade. Sintonize sua frequência com o sentimento de alegria, pura e simples, só porque sim. Permita que esse sentimento se expanda por todo o seu corpo.

Entre em seu estado meditativo fechando os olhos e concentrando-se em sua respiração. Visualize-se serenamente embaixo da Árvore Mandarim. Você pode até sentir a Árvore Mandarim fazendo cócegas leves em você com suas folhas. Há uma sensação de brincadeira e riso que surge espontaneamente de seu interior. Tanto você quanto a Árvore Mandarim sabem que algo mágico está prestes a acontecer.

Você pode começar a imaginar belas lembranças desta vida ou visualizar as imagens mais pacíficas que puder criar em sua mente. Ao fazer isso, comece a ver redemoinhos de luz dourada em espiral dentro e fora de você. Veja o vórtice de luz se movendo para cima, pois sua vibração está sendo elevada. Se surgirem áreas cinzentas ou turvas, veja-as sendo transmutadas em luz dourada e saindo de seu Chakra da Coroa.

Observe o nível de doçura e paz em seu corpo. Você pode perceber um sorriso surgindo em seu rosto ou simplesmente sentir vontade de rir sem motivo algum. Uma risada repentina pode brotar de você ao sentir como a vida é bela e deve ser. À medida que sua vibração se eleva, perceba o zumbido em suas mãos e em seu corpo. Permita-se sentir isso plenamente.

Por meio dessa elevação da sua vibração, você está se permitindo tornar-se uma combinação energética com o Buda Risonho. Com os olhos fechados, você começa a sentir uma energia diferente e a ouvir risadas ao longe. O riso mais alegre da barriga flutua em sua direção. Quando você abre os olhos, vê o Buda Risonho chegar em uma nuvem. Ele arrebata você, coloca em sua nuvem e começa a viajar pelo multiverso em sua companhia.

Embora ele diga poucas palavras, você pode ver a suavidade em seus olhos cheios de amor e gargalhadas. Redemoinhos e raios de arco-íris dançam ao seu redor enquanto ele guia você para outra versão do seu universo atual. O Buda Sorridente vai revelar uma nova perspectiva: a verdade sobre quem você é e a realidade do seu momento atual na vida.

Camada por camada, você começa a ver sua vida com óculos cor-de-rosa. Você está vendo o amor e o riso em áreas onde não achava que eles estivessem disponíveis. Relacionamento após relacionamento e situação após situação passam a chamar sua atenção. O Buda Risonho está lhe mostrando um ângulo diferente de cada um deles. Nos momentos que você achava que eram difíceis, ele mostra que, na verdade, eram engraçados, alegres e fáceis a partir dessa perspectiva diferente.

Com muito amor e riso, o Buda Risonho continua a viajar pelo tempo e espaço e a mostrar aspectos da sua realidade. Ele está trazendo à tona as dádivas que você teve dificuldade de ver e mostra que em cada momento há sempre um presente. Suas gargalhadas estrondosas ressoam pelo espaço. Você pode sentir o amor, o riso e a leveza de toda a situação.

Flashes de diferentes momentos e situações passam por sua mente. Você começa a perceber que tudo o que parecia ser um desafio, na verdade, foi criado com o intuito de promover seu crescimento e fortalecimento. O objetivo era ampliar sua perspectiva de vida. Você vê o grau de facilidade e simplicidade que, na verdade, estava disponível o tempo todo. Mas agora você está em condições de perceber isso.

Em cada linha do tempo, a cada experiência, você vê quantos seres de luz e guias acompanhavam você em todo o momento. Vê como você recebeu tanto amor e orientação a cada passo do caminho. A partir daí, novas transmissões de sabedoria, amor e luz fluem para sua consciência. Uma nova perspectiva de vida surge, e você começa a ver o riso e a alegria em todos os momentos de sua vida. O mistério começa a se revelar.

O Buda Risonho finalmente fala. "Este presente é para você. O presente da alegria e da tranquilidade. Saiba e perceba que isso está sempre disponível. O riso e a diversão são sempre uma escolha e uma decisão. Estou lembrando você disso. Sempre estarei aqui para lembrar você."

Retornando à nuvem, o Buda Risonho leva você de volta ao multiverso. Rindo o tempo todo, ele leva você de volta para o mesmo lugar. O Buda emite uma transmissão energética, iniciando você na alegria da existência. Ele sinaliza que, através da meditação, vocês podem se conectar a qualquer momento. Ele é uno com você. Com um pouco de foco e atenção, você sempre será capaz de trazê-lo à tona – apenas se prepare para muitas risadas.

Ritual de Alegria do Buda Risonho

O Buda Risonho espera guiar você para o propósito de sua vida por meio da dança, da celebração e do riso abundante. Quando a energia divina da alegria é utilizada, ela amplifica sua magia e permite que você experimente plenamente uma vida divina. A celebração é mais do que apenas gratidão pela vida e pelas bênçãos que recebeu; é a energia de ser um com tudo o que está prestes a criar também. Quando você está no espírito de celebração, está dizendo ao Universo que quer mais disso. O ato físico de honrar suas realizações também reafirmará que está no caminho certo e que há mais fortuna por vir, levando você ao propósito de sua alma. Portanto, esfregue a barriga do Buda e prepare-se para rir, pois todos os seus desejos estão prestes a se realizar!

Para se preparar para o ritual, primeiro você precisa se conectar com o seu guia Buda Risonho usando a meditação da seção anterior deste capítulo. Depois disso, reúna estas ferramentas mágicas:

- Caneta
- Desenho, imagem impressa ou estatueta do Buda Risonho
- Dois copos
- Música animada
- Pequeno pedaço de papel
- Uma bebida de sua escolha
- Vela amarela

Limpe seu espaço sagrado e o altar do Buda Risonho com um bastão defumador ou spray e prepare suas ferramentas mágicas para o ritual. Certifique-se de estar em um local livre de interrupções. O ritual pode durar o tempo que você quiser, dependendo do tempo que deseja permanecer na energia do Buda Risonho e do tamanho da sua vela.

1. Sente-se em frente às suas ferramentas mágicas e ao seu altar. Coloque a bebida de sua preferência em dois copos e deixe-os de lado por enquanto.
2. Concentre-se em estar disponível para receber tudo o que estiver alinhado com o propósito de sua alma. Em um pequeno pedaço de

papel, escreva: "Estou feliz, com disponibilidade e prontidão para receber orientação sobre o melhor e mais elevado caminho para o propósito divino". Coloque essa intenção de lado com seus dois copos.

3. Em seguida, acenda a vela amarela enquanto diz a intenção em voz alta e se imagina comemorando uma vida incrível. O que você precisa ver? O que está fazendo? O que está dizendo? O que está acontecendo nesse momento? Certifique-se de incorporar a versão de si mesmo que já recebeu essa magia. A parte mais importante desse processo é sentir-se como se já estivesse vivendo uma vida alegre – fixe isso realmente em seu corpo.
4. Pegue o papel com sua intenção e levante-se. Coloque uma música alta e comece a dançar. Comemore o fato de estar em seu caminho divino e de se sentir igual a sua visão. Quando se sentir transbordando de alegria, rasgue o papel com sua intenção e diga "E assim será"jogando-o ao ar como se fosse confete.
5. Volte para o altar e pegue o copo da esquerda. Faça um brinde ao copo do Buda Risonho que está à direita e diga "viva". Agradeça a magia que está invocando e beba! Deixe o copo do Buda Risonho em seu altar por três noites. Depois, jogue o conteúdo do copo no seu quintal. O copo pode ser lavado e reutilizado.
6. Seu ritual estará concluído quando a vela se apagar completamente. Não a deixe sem supervisão e certifique-se de averiguá-la o tempo todo. Se tiver que sair do ambiente antes de a vela queimar completamente, pode apagá-la com os dedos ou com um apagador. Ao reacender a vela, diga sua intenção novamente para acrescentar mais magia ao ritual.
7. Quando o ritual estiver concluído, você pode descartar os pedaços de papel de intenção que jogou ou recolhê-los e mantê-los em seu altar após o ritual. Jogue fora os restos de cera. Por fim, mantenha sua atenção a quaisquer mensagens, pessoas ou oportunidades que surjam em seu caminho. Você deu o próximo passo para viver em alinhamento com o propósito da sua alma e a alegria está a caminho.

Ativações de Códigos Sagrados

Nos momentos em que a vida parece rígida e séria e você tem dificuldade para encontrar a luz e a leveza nas coisas, procure se conectar com o Mandamento do Buda Risonho, trazendo alegria e serenidade ao seu caminho.

O Buda Risonho tem uma maneira de abrir seus olhos e expandir sua mente para que novas soluções possam chegar à sua consciência. O Universo é rápido, feliz e eficiente em suas soluções mágicas que querem fluir em sua direção. Quando você fecha seus campos de energia, pode criar muita rigidez e seriedade em sua mentalidade e em seu corpo. O Buda Risonho trará luz e facilidade para a situação.

Outro momento incrível para entrar em contato com esse campo de energia é quando você já está na energia da gratidão e da celebração e está em condições de ampliar isso. O Buda Risonho estará aqui para preparar seu caminho para o futuro. A magia e a felicidade aguardam você e a conexão com o Buda Risonho é uma maneira maravilhosa de acelerar a energia desse processo. Sinta sua mente, seu corpo e seu espírito se elevarem em energia ao continuar a trabalhar com esse mandamento.

Mandamento do Buda Risonho

"Alegre Buda Risonho, como uma expressão direta do Divino, peço que aumente minha capacidade de ver com alegria, facilidade e sabedoria. Mostre-me áreas onde há felicidade e alegria que talvez eu não consiga ver ou sentir. Guie-me para ver o quadro geral em todas essas experiências, tanto do meu passado quanto do meu futuro. Mostre-me a facilidade, a diversão e a leveza em cada situação. Permita-me ter a força para encontrar confiança e alegria em cada momento. Ensine-me como é criar uma vida de facilidade. Diga-me como é a manifestação da facilidade em minha vida. Ensine-me a relaxar nos momentos em que eu estiver escolhendo a rigidez ou a dureza. Guie-me de volta à tranquilidade. Gratidão, gratidão, gratidão."

Mantras do Buda Risonho

Os mantras são ativações poderosas para seu campo de energia. Você perceberá que, quando diz certas palavras, isso lhe permite sentir um tipo especial de poder. Essas palavras e mantras ativam um tipo único de energia dentro de seu corpo. A alegria é uma das frequências mais altas, portanto, quando quiser reverter uma situação, volte à frequência da alegria e use esses mantras. Os mantras são mais bem utilizados quando você está caminhando, correndo ou limpando, para que as palavras possam realmente penetrar nas células do seu corpo. Brinque com esses mantras com frequência e observe as mudanças e alterações que ocorrem em seu mundo.

- Em todas as situações, tenho a capacidade de sentir e encontrar alegria.
- Quando tiro um tempo para desacelerar, consigo me divertir mais.
- Sempre há tempo para eu decidir realizar uma tarefa com mais leveza e alegria.
- O amor e o riso estão disponíveis para mim em cada momento.
- Posso decidir rir mais e permitir mais bondade em minha vida.
- Há uma mágica em minha risada que traz leveza, energia e alegria para todos ao meu redor.
- O riso é um remédio para todo o meu corpo.
- O estado de alegria traz magia, e eu tenho permissão para viver em abundância e alegria sempre que desejar.

Comandos de Ascensão do Buda Risonho

Quando mudamos a maneira como vemos o mundo, o mundo muda o que devolve para nós. É assim que o Buda Risonho domina a realidade. O Buda Risonho conhece a felicidade e a alegria escondidas de toda a vida e da criação. Essas instruções de ascensão convidam você a se afastar de sua visão de mundo atual e assumir a perspectiva do Buda Risonho. Deixe que o Buda Risonho faça você se lembrar da alegria, felicidade e prazer que já estão disponíveis em sua vida. Ao optar por entrar nessa frequência, você começará a ver as coisas mudando em seu mundo; isso pode começar com o simples fato de se sentir melhor em seu corpo e em sua mente. Aproveite estas instruções e volte a elas com frequência, pois você as responderá de forma diferente à medida que prosseguir em sua jornada evolutiva.

1. Sabendo que a vida foi feita para ser divertida e alegre, como você pode encarar suas histórias de maneira diferente? E se você encontrasse alegria em todas as suas experiências, mesmo naquelas que parecem tão sombrias e sérias?
2. Se soubesse que a alegria é um ingrediente essencial para a ascensão, o que decidiria tornar alegre em sua vida agora mesmo?
3. Faça uma lista de todas as pequenas coisas que lhe trazem alegria e levam você ao estado de fluxo. O estado de fluxo é alcançado nos momentos em que perdemos a noção do tempo e parece que tudo no Universo está acontecendo para nós. Agora, como incorporar atividades que levam você a esse estado durante a semana? Quais são as coisas que pode fazer para elevar seu espírito e como escolher realizar essas atividades com mais frequência?
4. Se soubesse que a alegria é a maneira mais rápida de acessar seus guias, como você se permitiria criar um ambiente de alegria?

Mensagem Canalizada pelo Buda Risonho

"Em cada momento infinitesimal, há espaço para a alegria. Trata-se de permitir e saber que o Universo deseja essa felicidade para você tanto quanto você a deseja para si mesmo. Permita que ela entre e simplesmente deixe-a fluir."

– Buda Risonho

Parte 4

A Magia Moderna

Capítulo nove

O Zodíaco Lunissolar

O mestre o conduz até a porta. O resto é com você.

– Provérbio Chinês

Você já ouviu falar do Zodíaco Lunissolar? Esse Zodíaco tornou-se recentemente muito popular no Ocidente, com cada vez mais pessoas tendo acesso a informações on-line. Talvez soe mais familiar a você o termo "Zodíaco Chinês". O que compartilhamos neste capítulo é baseado no que aprendemos por meio da cultura chinesa, mas como esse sistema também é usado em outras regiões do Leste e Sudeste da Ásia, o termo correto seria "Zodíaco Lunissolar".

O Zodíaco Lunissolar tem doze ciclos zodiacais que interpretam as mensagens das estrelas, de forma muito semelhante à Astrologia ocidental. Entretanto, na Astrologia ocidental, o sol muda de signo do zodíaco a cada mês, enquanto o Zodíaco Lunissolar muda a cada ano. Cada ano é representado por um animal. Por exemplo, 1984 foi o Ano do Rato. Este Zodíaco também é chamado de *Shengxiao*, que significa "nascido semelhante". Nesse caso, ele se refere à semelhança com um animal específico.

Os doze animais do Zodíaco Lunissolar, em ordem, são: Rato, Boi, Tigre, Coelho, Dragão, Serpente, Cavalo, Carneiro, Macaco, Galo, Cão e Porco. Cada animal de poder contribui para a magia única da personalidade de um indivíduo. Na cultura chinesa, é divertido ouvir comentários sobre o animal do zodíaco de cada pessoa. Samantha se lembra de sua mãe e avó mencionando com frequência que suas duas tias nasceram no Ano do Porco e que, por isso, suas vidas eram tão boas e fáceis.

O início de cada ano do Zodíaco Lunissolar é o Ano Novo Chinês, que sempre cai por volta de fevereiro, de acordo com o Calendário Lunar. (Falaremos mais sobre o Ano Novo Chinês no final deste capítulo.) Há doze signos animais, portanto, o ano do Zodíaco Lunissolar em que você nasceu ocorre uma vez a cada doze anos. Nas crenças orientais, quando é o ano do seu zodíaco de nascimento, isso é considerado "má sorte". Acredita-se que, durante seu ano de nascimento, você é o signo astrológico oposto ao planeta Júpiter. Essa estrela é conhecida como Tai Sui, o Deus da Idade e o General Celestial. Se você se opuser a Tai Sui de alguma forma, isso lhe causará desagrado.[12]

Tai Sui é uma figura auspiciosa na cultura chinesa; ele ajuda o Imperador de Jade a governar a terra. Devido à sua importância, muitos seguidores do Zodíaco Lunissolar prestam atenção especial a cada décimo segundo ano de suas vidas. É interessante observar que, na Astrologia ocidental, cada doze anos é considerado um ano de

12. Beijing Foreign Language Press, *Chinese Auspicious Culture*, 87.

abundância e boa sorte, porque Júpiter, um planeta em trânsito em seu mapa natal, leva doze anos para retornar ao mesmo signo e grau que tinha quando você nasceu.[13] Os astrólogos ocidentais dizem que quando Júpiter retorna à mesma posição em que estava quando você nasceu, isso traz boa sorte, porque Júpiter é o planeta da expansão e da abundância.

Por estarmos familiarizados com o Zodíaco Lunissolar e a Astrologia ocidental, entendemos os ensinamentos de ambos os sistemas de crenças sobre o décimo segundo ano. Pessoalmente, achamos que mudanças maciças e muito importantes acontecem a cada doze anos. Nesse ciclo, se você não estiver no caminho de seu propósito mais elevado, receberá um empurrãozinho do Universo para voltar ao caminho certo. Isso pode parecer infortúnio ou má sorte, mas esses desafios são realmente destinados a nos ajudar a encontrar uma solução e criar oportunidades abundantes para que possamos prosperar nos próximos doze anos. No entanto, se estivermos vivendo a vida com consciência, alegria e autenticidade, então cada décimo segundo ano será bom.

Como observação, acreditamos que ter sorte e manifestar fortuna (ou infortúnio) se resume às nossas crenças. Aquilo em que escolhemos acreditar e concentrar nossa atenção é o que será criado em nossa realidade. É por isso que nós duas escolhemos acreditar que teremos muita sorte durante nosso ano lunissolar do zodíaco. Mas caso alguma crença subconsciente se insinue, aqui estão alguns rituais que você pode incorporar durante o ano lunissolar para proteção e boa sorte:

- **Usar vermelho afastará a má sorte.** O vermelho é uma das cores mais sortudas da cultura chinesa. Ela representa prosperidade, boa saúde, felicidade e sucesso. Peça a seus amigos e familiares que presenteiem você com roupas vermelhas e use-as durante todo o ano, pois seus entes queridos estarão lhe presenteando com parte da sorte deles, já que você pode estar sentindo falta dela.

---

13. Reed, *Twist Your Fate*, 95.

Se o vermelho não for sua cor, você pode usá-lo disfarçadamente, em roupas íntimas ou meias, por exemplo. Usar vermelho durante o ano do seu zodíaco lhe trará muita sorte e boa fortuna.

- **Tenha uma luz que possa ficar acesa 24 horas por dia, 7 dias por semana, durante todo o ano.** Uma pequena luz noturna ou uma lamparina funciona; pessoalmente, gostamos de usar lamparinas de sal para aumentar a magia. Diz-se que essa luz nos mantém na luz da prosperidade e afasta a má sorte e os desejos negativos.
- **Use jade.** O jade é uma das pedras mais preciosas da cultura chinesa. Acredita-se que a pedra traz riqueza e abundância. Usar jade durante todo o ano do seu zodíaco também lhe trará muita sorte e afastará as energias negativas. Você pode usar anéis, pulseiras, colares ou brincos de jade.

Todas essas são sugestões simples para manifestar seu melhor ano de todos os tempos, mesmo durante o ano lunissolar de seu zodíaco. Nós duas tivemos anos zodiacais incríveis usando essas ferramentas. Durante todo o ano, usamos roupas íntimas vermelhas, presenteadas por amigos, e ocorreram mudanças de vida. É interessante como algo tão simples como usar roupas íntimas vermelhas também estimula o Chakra Raiz e ativa o aterramento e a segurança em nosso campo energético. Lembre-se de que você não precisa fazer todas essas coisas (ou nenhuma delas, se não quiser). Faça somente o que sentir que é certo fazer. Lembre-se, também, de que tudo é possível e que são suas crenças e pensamentos que criam boa ou má sorte.

Magia dos Animais do Zodíaco Lunissolar

Use a tabela abaixo para descobrir seu signo do Zodíaco Lunissolar.

Signos do Zodíaco Lunissolar	Anos
Rato	...1948, 1960, 1972, 1984, 1996, 2008, 2020, 2032...
Touro	...1949, 1961, 1973, 1985, 1997, 2009, 2021, 2033...
Tigre	...1950, 1962, 1974, 1986, 1998, 2010, 2022, 2034...
Coelho	...1951, 1963, 1975, 1987, 1999, 2011, 2023, 2035...
Dragão	...1952, 1964, 1976, 1988, 2000, 2012, 2024, 2036...
Cobra	...1953, 1965, 1977, 1989, 2001, 2013, 2025, 2037...
Cavalo	...1954, 1966, 1978, 1990, 2002, 2014, 2026, 2038...
Carneiro	...1955, 1967, 1979, 1991, 2003, 2015, 2027, 2039...
Macaco	...1956, 1968, 1980, 1992, 2004, 2016, 2028, 2040...
Galo	...1957, 1969, 1981, 1993, 2005, 2017, 2029, 2041...
Cão	...1958, 1970, 1982, 1994, 2006, 2018, 2030, 2042...
Porco	...1959, 1971, 1983, 1995, 2007, 2019, 2031, 2043...

Características dos Animais do Zodíaco

Depois de determinar o seu animal do zodíaco, poderá começar a descobrir como a energia desse arquétipo animal se relaciona com você. Nesta seção, você encontrará as descrições gerais de cada animal do zodíaco e como eles interagem uns com os outros, seja como amigo ou inimigo.

Rato

Os nativos do Ano do Rato possuem uma imaginação rica e observam os mínimos detalhes ao seu redor. Eles identificam facilmente oportunidades e encontram maneiras de criar pequenas mudanças que geram grandes resultados. São altamente inteligentes, perspicazes, engenhosos e criativos. No entanto, o Rato pode ser excessivamente temeroso e preocupado, propenso a acumular coisas, duvidoso e luxurioso. A melhor prática é realizar algum tipo de exercício mental todos os dias.

Compatível com: *Dragão, Macaco, Rato e Boi.*

Boi

Quem nasceu no Ano do Boi é tradicional e conservador em sua visão da vida. Ele impressiona facilmente as pessoas ao seu redor com sua incrível resistência, honestidade e persistência. Devido à sua natureza trabalhadora, metódica e fundamentada, a riqueza geralmente vem com muita facilidade, assim como uma vida longa e saudável. Quanto aos aspectos negativos, o Boi pode ser muito teimoso, excessivamente indulgente, cauteloso, mal-humorado e de temperamento rápido. Quando a sorte não se manifesta imediatamente, esse nativo deve simplesmente ser paciente e confiar que será docemente recompensado no futuro.

Compatível com: *Rato, Serpente e Galo.*

Tigre

O Tigre é poderoso, mas também sensível e emocional. Capaz de amar intensa e apaixonadamente, os nativos do Ano do Tigre têm uma vida rica e colorida. Extremamente sábio, benevolente e confiante, o Tigre busca a sorte mesmo quando parece não haver nenhuma. Ele é corajoso, impulsivo e pode exibir orgulho e agressividade. Às vezes, ele pode ser muito territorial e possessivo. Uma solução é compartilhar intencionalmente coisas com outras pessoas, fazer doações e criar o hábito de se sentir bem ao doar.

Compatível com: *Cavalo, Porco e Cão.*

Coelho

Conhecido por ser o mais sortudo dos doze animais do zodíaco. Calmo, pacífico, elegante e bonito são palavras que descrevem o coelho. Ele também é amigável, inteligente, gentil e amável. Sortudo desde cedo, o nativo do Ano do Coelho é aconselhado a valorizar sua sorte e continuar a deixá-la crescer, cultivando-a cada vez mais. Quanto aos pontos negativos, pode ser arrogante ou inconstante. É uma boa prática desacelerar e prestar atenção aos pequenos detalhes.

Compatível com: *Carneiro, Porco e Cão.*

Dragão

Os nativos do Ano do Dragão são respeitados e reverenciados como portadores de boa sorte e prosperidade. Eles nascem com muito poder e as pessoas naturalmente os admiram – sua energia exerce uma forte influência sobre os outros. O Dragão é dotado de coragem inata, criatividade poderosa e inteligência. Ele pode ser entusiasta e confiante por natureza, geralmente disposto a assumir riscos ousados. Quanto aos aspectos negativos, o Dragão pode ser agressivo (às vezes passivo-agressivo), arrogante, irritado e não receptivo, nem mesmo às críticas construtivas. Uma solução é fazer uma pausa antes de responder e estar atento ao que é dito.

Compatível com: *Rato, Galo e Macaco.*

Serpente

A Serpente é romântica, sofisticada, eloquente e entusiasmada em sua abordagem de vida. As pessoas se sentem relaxadas e à vontade ao seu redor. Uma pensadora espirituosa, muitas vezes, altamente intuitiva. Essa intuição guia para uma incrível segurança financeira. Quando a Serpente permanece em seu corpo e fora de sua cabeça, ela está ciente da boa sorte ao seu redor. Em uma expressão negativa, ela pode sentir inveja. Uma solução é reenquadrar a inveja em uma meta alcançável, adotando esta mentalidade: "Se isso é possível para essa pessoa, então é possível para mim".

Compatível com: *Boi, Galo e Macaco.*

Cavalo

As pessoas nascidas no Ano do Cavalo são calorosas, enérgicas, apaixonadas, entusiasmadas, animadas e ativas. Elas geralmente valorizam sua independência e liberdade, além do espaço para vagar livremente. De alto astral e sensuais, estes nativos são incentivados a sair de suas zonas de conforto para crescer. Quanto aos aspectos negativos, eles podem ser tensos, irritadiços, assustam-se facilmente e podem falar mais do que ouvir. Uma solução é fazer amizade com pessoas que gostam de ouvir e que os façam se sentir seguros.

Compatível com: *Tigre, Carneiro e Cão.*

Carneiro

Os nascidos no Ano do Carneiro são enérgicos, aventureiros, dinâmicos e comprometidos. As pessoas desse ano tendem a ser criativas e artísticas e têm como pontos fortes a independência e a autossuficiência. Estes nativos podem ser tímidos e reservados, mas sabem como se defender quando surge a ocasião. Quanto aos aspectos negativos, eles podem ser impulsivos, teimosos e controladores. Uma boa solução é verificar conscientemente seus relacionamentos e perguntar a si mesmos se há uma troca de energia igualitária.

Compatível com: *Coelho, Cavalo e Porco.*

Macaco

Muitos pais chineses adoram ter filhos no Ano do Macaco. As pessoas nascidas nessa época são entusiasmadas, seguras de si e amigáveis, e têm um espírito muito criativo e inovador. Os macacos são considerados reais em seu status, animados e de raciocínio extremamente rápido. Eles adoram se divertir e fazer pegadinhas. É comum encontrar um macaco rindo e se divertindo muito. Quanto aos aspectos negativos, os Macacos podem pular de uma ideia para outra e ter dificuldade para se estabelecer. Uma solução é planejar suas metas para os próximos três a cinco anos. Depois, ele pode usar essa lista para decidir se sua ideia está alinhada com seus desejos.

Compatível com: *Rato, Serpente e Dragão.*

Galo

Os nascidos no Ano do Galo são independentes, atenciosos, ambiciosos, capazes e calorosos. Estes nativos são honestos, brilhantes e altamente comunicativos, além de serem geralmente bonitos! Galos adoram cantar. Eles têm muita sorte nos negócios e em suas carreiras, são visionários e se adaptam rapidamente às mudanças. Quanto aos aspectos negativos, podem ser egoístas ou ansiar por validação externa. Podem precisar de aprovação para se manterem engajados e inspirados. Devem aumentar seu respeito próprio e aprender a confiar em si mesmos em um nível profundo.

Compatível com: *Boi, Dragão e Serpente.*

Cão

Pessoas nascidas no Ano do Cão são leais, amigáveis e confiáveis. Os cães são honestos, atenciosos, compreensivos, pacientes, trabalhadores e sinceros. Estes nativos tendem a ser excessivamente generosos com as pessoas importantes para eles. Fazem parte de círculos sociais calorosos e amigáveis, e geralmente trazem boa sorte para seus amigos. Quanto aos aspectos negativos, os cães podem ser cautelosos, teimosos, exigentes, nervosos e preocupados. Uma solução para eles é se ater ao momento presente e encontrar evidências tangíveis de que eles e seus entes queridos estão seguros.

Compatível com: *Tigre, Coelho e Cavalo.*

Porco

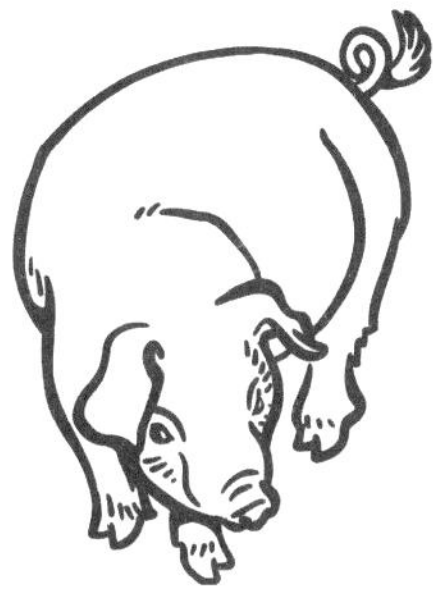

O Porco é frequentemente visto como um dos signos mais sortudos do Zodíaco Lunissolar. A boa sorte e a facilidade tendem a andar de mãos dadas com ele. O Porco adora um bom entretenimento, relaxamento e boa comida. Uma vida luxuosa é a vida de um Porco. Compassivo, generoso e diligente, esse nativo pode ser muito focado em atingir seus objetivos. Em sua expressão negativa, pode ser impaciente, imprudente, sério, autocentrado e, às vezes, excessivamente indulgente. É uma boa ideia ter sempre em mente que as coisas devem ser feitas com moderação.

Compatível com: *Carneiro, Tigre e Coelho.*

Amigos da Sorte dos Signos do Zodíaco

Cada signo do zodíaco tem um companheiro que está ligado à boa sorte. Eles são conhecidos como "amigo oculto" ou "amigo secreto" e são poderosos aliados um do outro. Esses são os pares que se dão melhor no mundo real. Ao encontrar seu companheiro da sorte, vocês podem aumentar a magia um do outro. Sempre que homenagear o seu animal do zodíaco (ou quando estiver criando o seu altar), não se esqueça de incluir também o seu amigo da sorte.

Juntos, esses amigos sortudos criarão ainda mais sorte:

Rato + Boi

Tigre + Porco

Coelho + Cão

Dragão + Galo

Serpente + Macaco

Cavalo + Carneiro

Signos do Zodíaco Incompatíveis

Como existem signos compatíveis e amigos sortudos no Zodíaco Lunissolar, o oposto também deve ser verdadeiro. Os signos incompatíveis do zodíaco são casos em que as pessoas simplesmente não se entendem, portanto, na maioria das vezes, não se dão bem. A maneira como pensam e se comportam é totalmente oposta à do outro signo. Entretanto, mesmo que alguém seja incompatível com um determinado signo, se aprender a maneira como essa pessoa pensa e age e realmente tentar entender as coisas do ponto de vista do outro, poderá se dar muito bem. Para criar harmonia, construa um relacionamento a partir do coração e tenha compaixão um pelo outro.

Esses signos são opostos um ao outro na roda lunissolar do zodíaco e não são as melhores combinações cósmicas:

Rato + Cavalo

Boi + Carneiro

Tigre + Macaco

Coelho + Galo

Dragão + Cão

Serpente + Porco

A Raça do Zodíaco

Você já se perguntou por que esses doze animais específicos foram escolhidos para compor o Zodíaco Lunissolar? Há muitas lendas sobre isso. Uma lenda, em particular, foi transmitida de geração em geração, com muitas variações da história, conhecida como "A Grande Corrida". Essa história é contada a muitas crianças, assim como foi contada a nós duas quando estávamos crescendo. A seguir, compartilharemos a versão que recordamos de memória.

Há muito tempo, o imperador era encarregado de criar harmonia em tudo o que havia sob o céu. O Imperador de Jade queria que o reino terreno tivesse uma forma de medir a passagem do tempo e das estações, por isso, pediu ajuda ao reino animal. Ele decidiu que queria que os animais do reino fossem guardiões poderosos para seu povo. Para garantir a paz para seu povo, ele enviou um de seus mensageiros ao mundo para espalhar a notícia sobre uma corrida, também conhecida como "A Grande Corrida". Os primeiros doze animais que completassem a corrida atravessando o rio a nado e entrando nos Portões Celestiais fariam parte do Zodíaco Lunissolar. A ordem em que cruzassem a linha de chegada seria a classificação que teriam no zodíaco. A notícia dessa corrida se espalhou por toda parte.

No dia da Grande Corrida, o Rato ficou ao lado do Boi na linha de partida. O Rato não era um nadador forte, mas era esperto, então pediu ao robusto Boi para carregá-lo através do rio, e o Boi concordou. Assim que a corrida começou, o Boi tomou a dianteira. Justo antes de chegar ao outro lado do rio, o Rato se adiantou e pulou, garantindo o primeiro lugar. O Boi ficou em segundo.

O terceiro animal a cruzar a linha de chegada foi o Tigre. Ele era um nadador rápido. No entanto, não gostava de água e foi pego em correntezas fortes ao longo do caminho, senão teria chegado à linha de chegada mais cedo.

Em quarto lugar chegou o Coelho, que não atravessou nadando, mas encontrou troncos flutuantes e grandes pedras nas quais podia pular. Ele saltou rapidamente pelo rio para manter seu pelo limpo.

O quinto lugar foi para o benevolente Dragão, o que foi uma surpresa. O Imperador de Jade perguntou ao Dragão: "Por que você não voou simplesmente para o outro lado?" O Dragão explicou que estava ajudando alguns animais e humanos durante a travessia, e por isso chegou tarde.

Em sexto lugar chegou a Serpente, que alguns dizem ter trapaceado ao assustar o sétimo colocado, o Cavalo, e depois deslizado até a linha de chegada. A Cabra chegou confiante e rapidamente em uma jangada logo após o Cavalo e acabou conquistando o oitavo lugar. O Macaco, que havia ficado para trás, rapidamente se balançou pelos cipós das árvores e pulou pelas pedras até o nono lugar. Depois vieram o Galo, o Cão e o Porco, não muito distantes um do outro, marcando o fim da Grande Corrida.

Quando éramos crianças, não nos disseram por que o Galo ficou em décimo lugar, mas depois de nos conectarmos com a energia do Galo, acreditamos que ele era um pouco arrogante e foi com calma, porque achava que venceria facilmente. O Cão garantiu o décimo primeiro lugar, porque a água estava muito divertida, ele estava brincando e chapinhando, o que o atrasou. O Porco ficou com o último lugar – o décimo segundo lugar no Zodíaco Lunissolar – porque viu uma comida gourmet no caminho e decidiu parar para comê-la e descansar antes de chegar à linha de chegada.

No final da corrida, o Imperador riu e convidou todos os animais para uma comemoração imperial com as melhores comidas e vinhos, e presenteou cada um dos animais com um traje dourado como forma de celebrar seu sucesso. Eles eram oficialmente os animais do Zodíaco Lunissolar e simbolizavam um novo poder e força para o povo e a Terra. Daquele dia em diante, o Zodíaco Lunissolar seguiu a ordem dos animais que completaram a Grande Corrida.

Ao encerrarmos esta seção, gostaríamos de acrescentar algumas informações divertidas: por que o Gato não está no Zodíaco Lunissolar e por que o Gato e o Rato não se dão bem? No dia da corrida, o Gato e o Rato eram melhores amigos. Ambos estavam determinados a ganhar um lugar no Zodíaco Lunissolar. Naquela manhã, no entanto, o Gato queria tirar um cochilo e pediu ao Rato que o acordasse na hora de ir embora. O Rato, é claro, concordou e seguiu seu caminho alegremente. Não se sabe ao certo o que aconteceu, mas o Rato acabou não acordando o Gato naquela manhã, e o Gato perdeu a corrida inteira. A partir de então, eles deixaram de ser amigos.

Como Montar seu Altar do Zodíaco Lunissolar

Você pode montar seu Altar do Zodíaco Lunissolar para homenagear seu animal do zodíaco pessoal e seu amigo da sorte, ou pode montar um altar para homenagear o Guia do Zodíaco Lunissolar do ano corrente. A decisão é sua. Independentemente da forma como montar o altar, honrar os Guias do Zodíaco Lunissolar criará uma harmonização cósmica com o Universo e permitirá que você crie milagres e sincronicidades em sua vida. E embora você possa ativar esse altar a qualquer momento, fazê-lo no Ano Novo Chinês terá os resultados mais poderosos.

Quer esteja honrando seu animal do Zodíaco Lunissolar pessoal ou o do ano corrente, você pode usar qualquer uma das seguintes ferramentas como parte do seu altar.

Cristais do Zodíaco
Pirita
Citrino
Jade

Oferendas de Comida do Zodíaco
Laranjas e Tangerinas
Macarrão
Peixe
Almôndegas

Cores do Zodíaco
Vermelho
Dourado

Cartas de Tarô do Zodíaco
O Mundo
O Sol
O Carro

Símbolos do Zodíaco
Escritos com caracteres chineses de boa sorte
Moedas de Ouro
Dinheiro
Envelopes Vermelhos
Lanternas

Crie uma cerimônia para homenagear os guias lunissolares do zodíaco diariamente. Pode ser algo simples, como saudar seu altar zodiacal todas as manhãs (ou trabalhar com a energia do guia zodiacal específico) ou acender uma vela e falar uma intenção para o dia. Sempre peça bênçãos e milagres.

Depois de terminar de montar o Altar do Zodíaco Lunissolar, ative-o chamando o seu Guia do Zodíaco usando as instruções da próxima seção.

Encontrando seu Guia do Zodíaco

Ao se familiarizar com os Guias do Zodíaco Lunissolar, uma equipe totalmente nova de guias animais irá apoiar você na missão de sua vida. Você pode recorrer aos guias do zodíaco para obter proteção e orientação, bem como para ampliar determinados pontos fortes que eles possam possuir. Quanto mais se conectar com esses guias, mais natural será trabalhar em harmonia com eles. A sabedoria e os poderes especiais deles serão revelados à medida que você os incorporar mais completamente à sua vida diária

Dirija-se ao seu espaço de meditação favorito quando tiver bastante tempo livre para se conectar totalmente com seus guias animais do zodíaco. Ao sentar-se em uma almofada de meditação com a coluna ereta, respire fundo algumas vezes, acomode-se e relaxe totalmente. Imagine-se confortável embaixo de uma Árvore Mandarim mágica e majestosa. A luz do sol incide sobre as folhas e você vê várias cores verdes exuberantes. Uma sensação suave e gentil toma conta de você.

Você percebe que a almofada de meditação em que estava se transformou em uma nuvem fofa e agora você está em um campo bonito, aberto e espaçoso. A cada respiração, você se sente mais à vontade e as cores se tornam mais saturadas. Enquanto olha para o céu azul, o Macaco aparece com seu cajado dourado. Rindo e voando em sua própria nuvem, ele segura sua mão e leva você até o Templo no Céu.

Enquanto voa pelo céu, um portão imperial dourado aparece. O Macaco fala com o guarda e o portão se abre. Vocês voam juntos para o Templo no Céu. Há uma escadaria dourada com um tapete vermelho à sua frente. Ao olhar para cima, percebe que há lanternas vermelhas ao seu redor, bem como uma decoração de cores vibrantes. Toda a atmosfera tem um ar de celebração. Olhando para baixo, você vê que suas roupas foram tecidas com ouro e intrincados tecidos chineses. Você está vestido para uma celebração com o Imperador e os Animais do Zodíaco.

Alegremente, o Macaco ri como se tivesse lhe pregado a melhor peça. Ele guia você para dentro do Templo no Céu. À medida que se aproxima, você sente uma imensa sensação de calor e de fazer parte de uma família. O Macaco leva você para mais perto do salão de banquetes e o Galo faz um som alegre quando entram pelos portões. O Cão vem correndo, pula e abraça você calorosamente, enquanto o Coelho se aproxima para ver o motivo de tanto barulho.

O Tigre puxa uma cadeira na mesa do banquete, convidando você a sentar. Na mesa, você vê o Boi, o Dragão e o Porco comendo, rindo e contando piadas, enquanto a Serpente, o Cavalo, a Cabra e o Rato estão na outra mesa jogando *mahjong*[14]. Quando percebem sua chegada, todos param e olham em sua direção. Um enorme sentimento de alegria e familiaridade invade a sala quando todos os animais do zodíaco vêm em sua direção.

Um a um, cada animal se aproxima e lhe dá um presente especial embrulhado em uma fita vermelha. Alguns desses presentes são físicos; outros são superpoderes energéticos, como maior amor, confiança, fé, certeza e coragem. Você pode ver claramente o que é cada presente. Todo o seu coração se enche de amor à medida que cada Guia do Zodíaco se revezava para sussurrar algo sagrado e especial em seu ouvido e lhe entregar seus poderosos presentes.

Cada animal do zodíaco envolve você em um abraço caloroso antes de se afastar. Você se despede do Rato, do Boi, do Tigre, do Coelho, do Dragão, da Serpente, do Cavalo, da Cabra, do Galo, do Cão e do Porco.

---

14. *Mahjong* é um jogo de origem chinesa que envolve habilidade, estratégia e sorte. É geralmente jogado por quatro pessoas e utiliza peças semelhantes a dominós, mas de formato mais grosso. O objetivo do jogo é formar combinações de peças, semelhante ao poker, enquanto descarta e rouba peças do monte central. O *Mahjong* é popular não apenas na China, mas também em várias partes do mundo, com variações regionais nas regras e nos conjuntos de peças utilizados. (N. T.)

O Macaco guia você pelo salão de banquetes até os portões do Templo no Céu. Voltando à sua nuvem mágica, o Macaco voa levando você de volta à sua almofada de meditação. Ele se despede com um abraço caloroso e ambos acenam com a cabeça, sabendo que se reconectarão e se encontrarão novamente.

Volte para o seu corpo e concentre-se em se aterrar totalmente, voltando para o presente na sala. Reserve alguns momentos para inspirar profundamente, integrando as experiências que acabou de ter. Os guias do zodíaco estão prontos e disponíveis para se conectar a qualquer momento. Depois de estabelecer a conexão inicial, você poderá se conectar com eles de forma mais rápida. Quanto mais colaborar com eles, mais poderão compartilhar sobre como cocriar e utilizar seus poderes. Divirta-se e explore sabiamente com os guias do zodíaco.

Ativação do Ritual de Ano Novo da Abundância

Este ritual de Ano Novo foi projetado especificamente para ser ativado no Ano Novo Chinês. Como ele cai em uma data diferente a cada ano, não deixe de pesquisar na Internet a época adequada.

Para nós, "abundância" significa ser rico em todas as áreas da vida, e é disso que trata este ritual. Nós o ajudaremos a desbloquear os dons, a sabedoria e a magia de que precisará para o próximo ano e para todo o sucesso, boa sorte e saúde que trará. Invocaremos o guia lunissolar do zodíaco do próximo ano para obter ajuda. Eles o conduzirão às suas próprias grandes realizações.

Quando for se preparar para este ritual, comece conectando-se com os Guias do Zodíaco Lunissolar através da meditação descrita na seção anterior deste capítulo. Em seguida, reúna estas ferramentas mágicas:

- Caneta
- Desenho, estátua ou impressão do Guia do Zodíaco do ano seguinte
- Dinheiro (qualquer valor)
- Sua intenção para o ano (o que você espera realizar neste ano, em detalhes)

- Suporte para incenso (um pote de cerâmica com arroz pode funcionar, ou qualquer coisa que possa conter os três incensos)
- Três bastões de incenso, de qualquer aroma (ou sem aroma)
- Três laranjas ou tangerinas
- Um pequeno pedaço de papel

Limpe seu espaço sagrado e o Altar do Zodíaco Lunissolar com um bastão defumador ou spray e prepare suas ferramentas mágicas para o ritual. Certifique-se de estar em um local livre de interrupções. O ritual pode durar o tempo que quiser, dependendo do tempo que deseja permanecer na energia do guia do zodíaco e do tempo da queima do incenso.

1. Coloque suas ferramentas mágicas em frente ao altar e invoque o guia do zodíaco do ano seguinte. Peça a ele que apareça e guie você em direção à prosperidade no próximo ano.
2. Escreva sua intenção no pedaço de papel e dobre-o uma vez em sua direção e, em seguida, coloque três laranjas em frente à estátua ou imagem do guia do zodíaco. Coloque seu papel de intenção dobrado sob a laranja do meio.
3. Acenda uma vara de incenso, segure-a na testa e faça três reverências ao seu guia do zodíaco enquanto diz pelo que sente gratidão em sua vida neste momento. Em seguida, coloque a vareta de incenso em seu porta-incenso.
4. Acenda o segundo bastão de incenso, segure-o na testa e faça três reverências ao seu guia do zodíaco enquanto diz o que deseja para o próximo ano. Coloque a segunda vareta no porta-incenso.
5. Acenda a terceira vareta de incenso, segure-a na testa e faça três reverências ao seu guia do zodíaco, declarando os dons e a sabedoria com os quais gostaria de receber bênçãos. Em seguida, coloque a terceira vareta no porta-incenso.
6. Coloque suas mãos em posição de oração perto do coração. Faça três reverências ao guia do zodíaco e agradeça a ele por suas bênçãos.

7. Seu ritual estará concluído quando as três varetas de incenso estiverem queimadas. Enquanto elas estiverem queimando, faça uma lista de desejos de 111 coisas que quer pedir para o ano novo. Você também pode fazer um diário, escrevendo sobre o sucesso que alcançou e o que aconteceu, como se o ano já tivesse passado e você estivesse documentando todas as bênçãos que recebeu.
8. Quando as varetas de incenso terminarem de queimar, você pode comer as laranjas ou mantê-las no altar até que estejam prontas para serem descartadas. Pode também secar as cascas das laranjas e colocá-las em sua carteira para dar sorte.
9. Se assim desejar, pode continuar acendendo um incenso no altar todos os dias para manter a energia da sua intenção.

Ano Novo Chinês

Como mencionamos o Ano Novo Chinês várias vezes neste capítulo, gostaríamos de incluir algumas informações sobre esse evento especial. Esse dia celebra o primeiro dia do ano no Calendário Chinês. Ele começa na lua nova que cai entre 21 de janeiro e 20 de fevereiro. Esse também é o momento em que o Zodíaco Lunissolar muda para o próximo guia animal. É um momento muito importante na cultura oriental para definir as intenções para o ano. Muitos acreditam que o que fazem (ou deixam de fazer) nessa data reflete no resto do ano. Aqui estão alguns rituais e superstições do Ano Novo Chinês.

O que Fazer:

- Comer alimentos da sorte, como peixe, por exemplo, para aumentar a prosperidade, bolinhos de massa e rolinhos primavera para ter mais riqueza, tangerinas mandarim (tangerinas) para realização e abundância e macarrão para longevidade.

- Dar envelopes vermelhos com dinheiro para espalhar sorte e boa fortuna. O dinheiro pode ser qualquer quantia que desejar. Geralmente, são as pessoas casadas que dão envelopes vermelhos às crianças ou aos adultos solteiros.
- Acenda fogos de artifício para comemorar o ano novo. Divirta-se!
- Vá assistir às danças do Leão ou do Dragão em Chinatown ou em estabelecimentos próximos a você que comemoram esse feriado. Mesmo nos cassinos de Las Vegas, você verá a dança do Leão em comemoração ao Ano Novo Chinês![15] Essa apresentação traz abundância e boa sorte para o próximo ano. Você também pode alimentar os Leões e Dragões com dinheiro em envelopes vermelhos.
- Use roupas novas para começar o ano com energia renovada.
- Honre e ore aos seus antepassados. Você pode queimar dinheiro falso para eles, acender um incenso ou dar-lhes doces e alimentos.
- Pendure lanternas vermelhas para afastar a má sorte e promover a energia da boa fortuna.
- Carregue um símbolo do animal do zodíaco do ano seguinte com você.

O que Não fazer:

- Comer mingau – acredita-se que traga pobreza, já que era o que as pessoas menos afortunadas do reino comiam antigamente.
- Dizer palavras de azar como “morte”.
- Varrer – ou varrerá seu dinheiro.
- Sacudir a perna – ou irá sacudir as moedas de sua carteira.
- Lavar o cabelo e/ou as roupas – acredita-se que sua boa sorte poderá ser levada embora.

---

15. Você pode assistir esse lindo festival no bairro da Liberdade, em São Paulo. (N. E.)

- Matar qualquer animal – o que é visto como desrespeito aos Deuses no budismo. Até mesmo o fato de esmagar uma mosca causará má sorte.
- Usar roupas pretas ou brancas – são vistas como cores de má sorte se usadas no Ano Novo.
- Emprestar ou tomar dinheiro emprestado nesse dia – isso resultará em dívidas.

Ativações de Códigos Sagrados

A verdade é que nunca estamos sozinhos. Mesmo quando parece que estamos sentados em uma sala vazia, há seres mágicos e guias que nos amam e nos apoiam. Nosso único trabalho é pedir ajuda. Esse é o poder e a energia de nos sintonizarmos com o Mandamento do Zodíaco Lunissolar. Todos os guias animais do zodíaco já estão disponíveis para você agora, sintonizar-se com esse mandamento acelera a capacidade deles de apoio à sua jornada de vida. Você é muito amado aqui. A maior alegria dos guias animais é ver você ter sucesso em todos os sentidos. Peça o amor e o apoio deles – você sentirá instantaneamente a imensa magia e o poder que eles emanam.

Mandamento do Zodíaco Lunissolar

"Sagrados guias animais do zodíaco, como uma expressão direta do Divino, peço que todos os seus poderes e forças sejam amplificados dentro do meu ser para que eu possa ser uma luz ainda maior para mim e para os que me rodeiam. Ensinem-me a energizar esses dons e poderes de uma forma positiva que traga riqueza, energia e sucesso para mim e para todos ao meu redor. Desperte em mim o poder de ativar a opulência, a abundância e os sucessos espirituais e mundanos que criam situações positivas de ganho mútuo para todos. Guias do Zodíaco, peço que envolvam sua proteção única em torno de mim, da minha família e do meu lar para acelerar meu processo evolutivo. Falem claramente comigo por meio de percepções intuitivas de forma a ativar meu sucesso energético. Obrigado por todos os seus dons e orientações amorosas. E assim será."

Mantras do Zodíaco Lunissolar

Ao pedir apoio multidimensional ao Universo, é melhor utilizar os Mantras do Zodíaco Lunissolar. Essas palavras despertam e ativam um tipo de poder sobrenatural em seu próprio campo de energia. Essa é a melhor maneira de entrar em uma espécie de hiper sincronia, como se o Universo inteiro estivesse brincando e dançando com você. Simplesmente ativando esses mantras com seus pensamentos e sua voz, você verá a energia se mover em seu interior e ao seu redor. Como todos os mantras deste livro, esses são ótimos para serem implementados enquanto você está na natureza, caminhando pela cidade ou correndo na pista. A combinação de movimentos e mantras cria um efeito energético muito mais poderoso. Use-os com frequência e deixe os milagres acontecerem.

- Sinto uma poderosa proteção de todos os Guias do Zodíaco Lunissolar em várias dimensões e aspectos da vida e da realidade.
- Os Guias do Zodíaco têm forças e energias que são transmitidas a mim. Quando me sintonizo, tenho um acesso incrível a elas.
- Os fluxos de poder, energia, genialidade e brilho que são transmitidos pelos Guias do Zodíaco estão disponíveis para mim o tempo todo – basta eu pedir.
- Escolho conscientemente trabalhar com os pontos fortes e fracos de meu Animal Guardião de forma positiva.
- Sei que todos os dias novas percepções e conscientização sobre como ativar meus superpoderes de forma lúdica e positiva são dadas a mim pelo meu Guia do Zodíaco.

Comandos de Ascensão do Zodíaco Lunissolar

Quando escolhemos ver o mundo com outros olhos, tomamos decisões diferentes. Essas decisões geram novos resultados. Reserve um momento para mergulhar no mundo de seus Guias do Zodíaco Lunissolar. Cada animal tem um presente exclusivo para oferecer a você. Quer seja seu próprio guia animal ou outro Guia do Zodíaco Lunissolar com o qual se identifica, cada animal tem algo muito especial para transmitir a você. Reserve um tempo para conhecer cada um deles. Estas instruções de ascensão foram criadas para abrir sua mente para o mundo de uma nova maneira. Ao ler essas perguntas, outras podem surgir em sua mente. Nós convidamos você a continuar fazendo perguntas se surgirem novas. Fazer a si mesmo as perguntas certas é como abrir a chave de um mundo totalmente novo. Os guias animais estão esperando e estão muito animados para se conectar com você por meio dessas instruções.

Quando você reflete sobre o ano lunissolar do zodíaco em que nasceu, o que lhe vem à mente? Quais são seus próprios julgamentos sobre seu guia animal? Com quais partes do seu guia animal você se identifica?

1. De que forma poderá abrir seu coração para um amor ainda maior pelos animais? O que você mais ama neles? Você sente que houve uma separação em relação a eles?
2. Meditando sobre os poderes e os pontos fortes dos guias lunissolares do zodíaco, quais pontos fortes e características de poder você gostaria de incorporar em sua vida?
3. Sentindo a proteção total dos guias lunissolares do zodíaco, como você se imagina avançando na vida agora que sabe que há doze guias animais ao seu lado sempre que desejar?
4. Nesta semana, identifique algo lúdico que possa fazer para aumentar a energia do seu guia pessoal do zodíaco. Se você nasceu no Ano do Porco, talvez isso signifique reservar um tempo para

aproveitar os luxos da vida. Se nasceu no Ano do Cão ou do Cavalo, talvez deva sair para correr e ver como se sente. Use a sua criatividade, brinque, aproveite!

5. Ao brincar com a ideia de seus guias lunissolares do zodíaco e ao sentir os pontos fortes, as energias, as habilidades e as personalidades deles, que novas ações acha que deve a tomar? Por exemplo, ao pensar no Cão, você pode se ver saindo ao ar livre com mais frequência; ao pensar no Macaco, pode se ver querendo escalar rochas ou fazer experiências com movimentos. Como os seus guias lunissolares do zodíaco inspiram você a tomar novas atitudes em sua vida cotidiana?

Mensagem Canalizada pelos Guias do Zodíaco Lunissolar

"Estamos aqui com você para experimentar e criar toda a magia e o mistério que o Universo tem a oferecer. Lembre-se de que nós, os animais, somos uma extensão do seu ser. Não estamos separados de você. Nossos poderes estão unidos. Eles sempre estiveram. Peça, e iremos fortalecer seu campo de energia. Sua proteção está garantida.

– Guias do Zodíaco

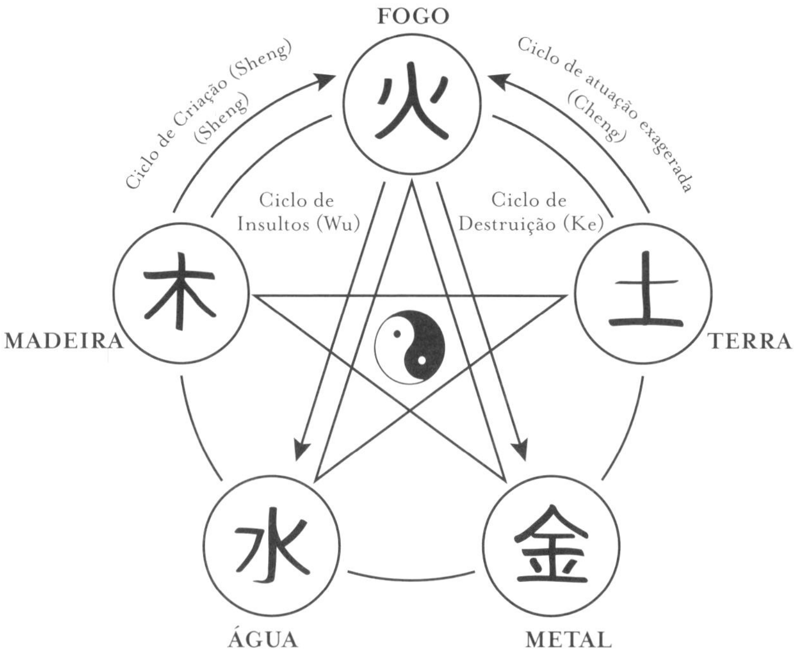

Capítulo Dez

Os Cinco Elementos

Ensine um homem a pescar e você
o alimentará por toda a vida.

– Provérbio Chinês

Seu espírito veio à Terra para brincar e criar como um artista. A primeira coisa que um artista precisa explorar são suas ferramentas, como tintas e cores. Imagine os cinco elementos como a paleta de cores de um artista, lembrando-se de como criar no mundo com harmonia.

Os cinco elementos, também conhecidos como *wu xing*, ou as cinco ações, são uma filosofia chinesa usada para descrever o movimento dinâmico e a transformação de energia que ocorre no Universo. Considerados os blocos de construção fundamentais do Universo, Madeira, Fogo, Terra, Metal e Água expressam as interações entre todas as coisas.[16] Os elementos são usados com frequência na Medicina Tradicional Chinesa, no Feng Shui, na Filosofia, na alimentação e em muitas outras áreas da cultura asiática. Eles são uma maneira incrível de trazer consciência e equilíbrio para diferentes áreas da vida. Quanto mais intencional você for em relação às cores, aos alimentos que consome, ao seu ambiente e aos seus relacionamentos com as pessoas e com o mundo, mais fácil será criar um equilíbrio que cultive naturalmente mais felicidade em sua vida.

Ao observar os cinco elementos pelas lentes da criação, o elemento Madeira queima e alimenta o elemento Fogo. Depois que o Fogo é queimado, ele se torna o elemento Terra, ou solo e cinzas. Dentro da Terra, encontramos o elemento Metal, como nos metais, rochas e minerais que são extraídos da terra. O Metal pode ser forjado para carregar o elemento Água. A Água rega as sementes e as plantas, nutrindo assim o elemento Madeira, e o ciclo continua. Quando começarmos a brincar com esse fluxo, você perceberá um padrão em si mesmo, com o tempo, poderá fazer pequenos ajustes para otimizar ainda mais sua energia.

Antes de nos aprofundarmos, vamos explorar um pouco a energia da força vital que anima todos os seres vivos: o *qi*, um conceito incrivelmente antigo que explica muita coisa. Ao considerar o *qi*, você se torna consciente dos muitos fatores invisíveis que podem afetar a saúde de um corpo físico e a sensação de um ambiente físico. Quando você cuida dessa energia de força vital de uma maneira específica, pode aumentar sua força.

Adoramos estas palavras de Benebell Wen em seu livro *The Tao of Craft*: "*Qi* é a força vital, a respiração que traz vitalidade. É o ímpeto invisível por trás de toda mudança, criativa ou destrutiva, seja ela

16 Morris, *Decorating with the Five Elements of Feng Shui*, 2.

iniciação, continuação, transformação ou cessação."[17] Quando Samantha estudou em Xangai, na China, seus professores mencionaram que existe o *qi* terrestre, o *qi* que vem da terra. Existe o *qi* celestial, que vem das estrelas e dos céus. O *qi* que vem dos alimentos que comemos e que nosso corpo extrai e usa como nutrientes. E até mesmo o *qi* que nos é passado por nossos ancestrais, o que pode explicar por que nossas personalidades são de uma determinada maneira.

Ao aprender sobre os cinco elementos, você começará a se sintonizar com o fluxo natural da vida e da criação. Você entenderá o significado dos ciclos de repouso e dos ciclos ativos. É importante honrar esse fluxo todos os dias, dentro de seu próprio corpo, para permanecer saudável e conectado às energias universais.

Há outro conceito poderoso da Medicina Tradicional Chinesa no qual vamos nos aprofundar. Esse conceito explica a estrada de energia que alimenta o corpo humano. Os caminhos de luz e eletricidade que fluem pelo corpo são chamados de "meridianos chineses". Quando esses canais de energia estão bloqueados (ou seja, a energia está se movendo lentamente), é mais provável que ocorram doenças. Permitir que os canais fluam livremente cria um campo de energia vibrante e saudável, o que se traduz em corpos físicos e emocionais mais saudáveis.

Enquanto Samantha estudava Medicina Chinesa em Xangai, um de seus professores compartilhou a seguinte lenda: "Há muito, muito tempo, havia humanos mais evoluídos que podiam ver a luz que irradiava do corpo de uma pessoa. Como eles podiam ver a estrada de luz que emanava do corpo, podiam ver onde a luz estava bloqueada, por fim, isso levou à criação da acupuntura – agulhas podiam ser usadas para desbloquear os canais e permitir que a luz fluísse." É claro que não há como verificar essa informação, mas é uma maneira interessante de entender a teoria dos meridianos chineses.

Cada órgão e glândula endócrina possui sua própria rede de meridianos chineses. Essa rede inclui tanto o órgão físico ou a glândula

---

17 Wen, *The Tao of Craft*, 7.

endócrina quanto o caminho de energia que percorre o corpo e os canais que atravessam esses órgãos ou sistemas endócrinos. Existem outros meridianos também, mas vamos nos concentrar nos órgãos e nas glândulas endócrinas neste livro.

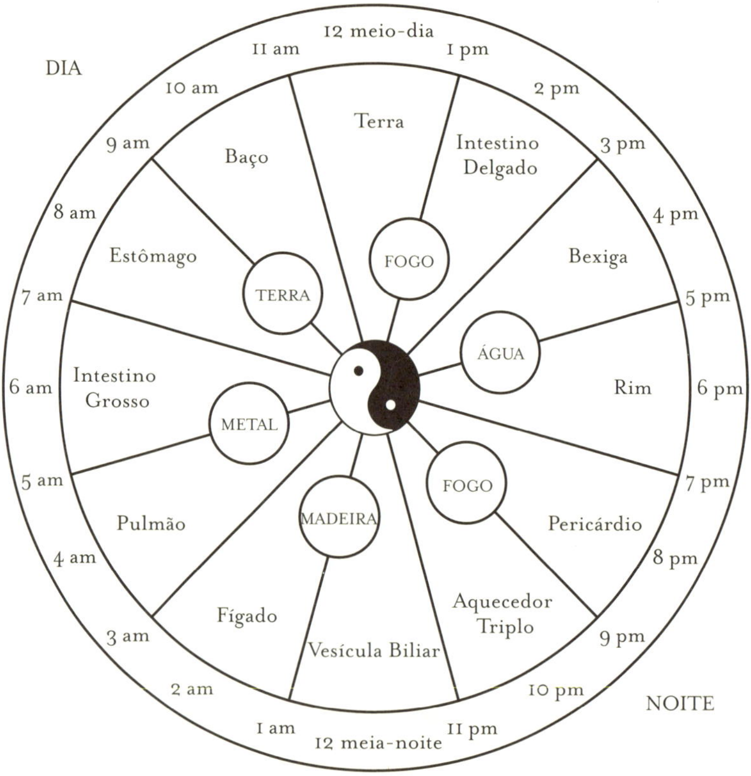

Gráfico de Meridianos

Os meridianos chineses e os órgãos/sistema endócrino têm fluxos de energia mais fortes em determinados momentos do dia. Dependendo da localização do sol e da lua, eles mudam as correntes elétricas que percorrem seu corpo. Essas mudanças são registradas no relógio chinês de meridianos. Incluímos uma imagem do relógio de meridianos chinês para que você possa observar facilmente quais órgãos e glândulas endócrinas, bem como quais elementos, estão sendo ativados em momentos específicos do dia.

O estudo do relógio chinês de meridianos pode ajudar você a ter mais consciência do seu corpo e de como a energia dele flui. A saúde dos campos de energia de seus meridianos chineses determina a saúde de seus órgãos físicos ou do sistema endócrino. Ao melhorar o fluxo da força vital do meridiano, você pode melhorar a saúde de seus órgãos ou do sistema endócrino.

Observando o relógio chinês de meridianos, você pode ver que os meridianos chineses trabalham intimamente com os cinco elementos. Essas filosofias podem ser extremamente complexas e, ainda assim, é comum ouvi-las na vida cotidiana na Ásia. Ao fazer compras nos mercados de Taiwan, você ouvirá com frequência referências a quais alimentos geram muito calor no corpo e quais trarão mais resfriamento ao seu sistema. Há inúmeros chás e bebidas mágicas à venda para estimular determinados elementos em seu corpo, resultando em uma pele brilhante, um sistema digestivo mais forte, um *qi* fortalecido ou algo conhecido como *Blood Building* (Fortalecimento do Sangue), que tem como objetivo aumentar a contagem de glóbulos vermelhos. A maioria das pessoas em Taiwan possui algum conhecimento sobre os cinco elementos. Durante nossa infância, essas tradições estavam tão integradas à cultura que pareciam ser essenciais para manter nosso corpo forte e saudável. Ainda hoje, aplicamos a sabedoria desses elementos em nossa vida cotidiana.

Como mencionado anteriormente, há muitos sistemas complexos de *wu xing*, ou os cinco elementos. Nosso foco neste capítulo será trazer alegria, sorte e magia para o seu mundo usando os elementos. Alcançar um equilíbrio saudável de todos os cinco elementos pode acelerar a boa sorte, porque nos traz uma sensação de harmonia e conexão com o Universo. Quando sentimos a nossa sorte, por assim dizer, estamos nos permitindo experimentar uma abundância de energia de força vital ao nosso redor. Isso inclui o corpo gerando e criando boas energias, muitas emoções positivas, estar cercado de pessoas incríveis e viver em espaços que nos energizam e nos proporcionam um descanso profundo. Os prazeres da vida vêm em muitas formas diferentes. Quando nos permitimos expandir para cultivar e receber todas essas diferentes formas de energia, tornamo-nos verdadeiros artistas e um ímã para as coisas maravilhosas da vida.

Este capítulo serve como um guia de referência para apoiar sua compreensão do fluxo dinâmico de energia no Universo. Não tenha pressa ao digerir esses conceitos. Ao ler, veja o que lhe chama mais atenção. Em seguida, ao longo de sua vida cotidiana, comece a observar como esses elementos se manifestam para você. Recomendamos reler esta seção em um dia ou dois para ver se novas ideias surgem. Ao permitir que as informações sejam absorvidas, você se verá dominando esses conceitos e sendo capaz de falar sobre eles e incorporá-los sem esforço na vida cotidiana. Entretanto, essa é uma contemplação para toda a vida, e sempre há espaço para mais ajustes.

O Elemento Madeira

木

A Madeira Alimenta e dá Força ao Fogo

O elemento Madeira tem uma energia de criação muito poderosa. A madeira é a energia do nascimento, do crescimento e da expansão, e ainda rege os olhos, o fígado, os músculos, os tendões e os ligamentos. Na Medicina Tradicional Chinesa, o meridiano da vesícula biliar está associado ao elemento Madeira. A Madeira é a energia que nos inflama e nos impulsiona. É a energia da tomada de decisões, bem como o catalisador de toda ação. Esse elemento nos incentiva a crescer na vida.

No relógio meridiano chinês, o elemento Madeira está entre 23h00 e 3h00. O horário do meridiano da vesícula biliar é das 23h00 à 1h00, o que tem tudo a ver com tomada de decisões e coragem. Quando falamos sobre o meridiano da vesícula biliar, os clientes geralmente ficam curiosos para saber o que acontece se a vesícula biliar for removida. Eu sempre os lembro de que o campo de energia da vesícula continua lá, mesmo que ela tenha sido removida. Quando a vesícula biliar física é removida, percebo que o cliente pode se sentir menos decidido ou menos corajoso. Também notei isso em alguns vegetarianos, quando a energia da vesícula biliar é interrompida. Uma maneira simples de reiniciar o meridiano do órgão removido ou não é simplesmente colocar sua atenção e consciência sobre o local da vesícula biliar. Deixe o meridiano da vesícula biliar saber que você o ama e que está ciente dele. Esse simples ato geralmente ajusta o fluxo da força vital para essa área. Recomendo que você faça isso várias vezes ao dia até sentir uma mudança na coragem e na energia. Em alguns casos, talvez você queira consultar um profissional para aumentar a força vital da área.

O horário do meridiano do fígado é da 1h00 às 3h00, que é para planejamento e organização. Na Medicina Chinesa, o fígado armazena sangue, bem como nossa capacidade de armazenar energia *qi* e força vital no corpo. Isso determina a sua força, a rapidez com que pode agir e a sua capacidade de tomar decisões.

Portanto, entre as 23h00 e as 3h00, nosso espírito está plantando as sementes das ideias, e é por isso que dormir durante esse período é tão profundamente importante para o corpo e para a recuperação. Quando dormimos, liberamos informações de volta ao nosso espírito e também trazemos novas informações.

Vamos parar um pouco para refletir sobre o poder de nossos olhos, que também estão associados ao elemento Madeira. Muitas vezes, é depois de ver com nossos próprios olhos que decidimos que queremos algo diferente. Quando pensamos nas qualidades do elemento Madeira e dos olhos, a tendência popular de criar um quadro de visões faz muito sentido. Os olhos estimulam o elemento Madeira em seu corpo, o que ativa o meridiano da vesícula biliar e o meridiano do fígado para ajudar você a agir e tomar decisões com mais rapidez e facilidade. Você perceberá que, quando vê algo que agrada aos olhos, isso envia um sinal a todo o seu corpo para entrar no modo de criação.

O elemento Madeira tem tudo a ver com movimento, mudança e crescimento. Embora a raiva geralmente tenha uma conotação negativa, ela é, na verdade, uma emoção muito importante no processo de mudança. Você pode descobrir que, quando precisa fazer uma mudança em sua vida, é a raiva que o lembra da importância da decisão. Talvez você se encontre em uma situação muito desconfortável ou desencadeante e perceba que seu espírito o está cutucando para mudar uma situação há algum tempo. Talvez a raiva tenha sido o empurrão que precisava para fazer certas mudanças, pois é a melhor maneira de chamar sua atenção e estimular a mudança do seu corpo.

Madeira para o Corpo

O verde é a cor na qual você deve se concentrar ao pensar em alimentos que nutrem o elemento Madeira. Pense em todos os diferentes tipos de verduras que pode adicionar à sua dieta e nas fibras que alimentarão os micróbios em seu intestino. Um intestino saudável permite que você cresça mais facilmente, tanto física quanto espiritualmente. Conforme discutido, a energia da Madeira tem tudo a ver com crescimento. Ela também está associada à tomada de decisões e serve como catalisadora de mudanças.

Esse elemento está associado aos meridianos do fígado e da vesícula biliar. Para apoiar o elemento Madeira em seu corpo, escolha alimentos e suplementos que apoiem esses órgãos. O elemento Madeira é expresso nos músculos, tendões e ligamentos, todos associados à flexibilidade. Em nossa vida cotidiana, a flexibilidade nos ajuda a lidar com as mudanças. É útil reservar um tempo para alongar o corpo todos os dias, sempre que tiver um momento livre durante o dia. Ao criar mais espaço e energia expansiva em seu corpo, o elemento Madeira pode ajudar você a mudar e crescer.

Adormecer antes das 22h30, sempre que possível, também é uma ótima maneira de nutrir sua energia da Madeira. O tempo de regeneração corporal do meridiano da vesícula biliar começa às 23h00, portanto, dormir antes desse horário permite que sua vesícula biliar descanse completa e profundamente. A vesícula biliar é a melhor amiga do fígado, e o tempo de regeneração corporal do meridiano do fígado começa à 1h00. Quando você adormece antes das 22h30, permite que seu corpo tenha um ciclo completo de descanso profundo que recarrega a vesícula biliar e o fígado. Lembre-se de que o meridiano do fígado tem a ver com planejamento e organização. Quando você adormece mais cedo, o meridiano do fígado pode fazer o trabalho pesado, apoiando e organizando suas células, bem como seu fluxo de energia no dia seguinte.

Ao dormir regularmente antes das 22h30, ao longo do tempo, você provavelmente sentirá menos raiva, pois seu fígado estará bem descansado e seu corpo estará mais preparado para enfrentar mudanças. Uma dica divertida é escrever todas as coisas que deseja fazer no dia seguinte, antes de dormir, e avisar o fígado, para que ele possa fazer parte do planejamento e da organização do dia seguinte. O fígado apoiará o gerenciamento do *qi* e da energia da força vital, para que você tenha tempo e energia suficientes para concluir suas tarefas.

Madeira para Casa e Escritório

Verde é a cor que expressa o elemento Madeira. Dê uma olhada ao redor de sua casa ou escritório. Você tem plantas verdes vibrantes e saudáveis que estimulam seu próprio crescimento? O verde sinalizará ao seu corpo que é seguro crescer e mudar. Se você não tem muito jeito para jardinagem, também pode usar decoração verde para estimular o crescimento. É importante notar que deve haver um equilíbrio saudável de cores no seu espaço. Mesmo desejando que o verde seja visível, é importante ter cuidado para não dominar o ambiente com essa cor, pois isso pode ser excessivamente estimulante para o seu corpo. Encontre a quantidade de verde que proporcione um ambiente agradável e confortável para você.

Madeira para o Caráter

Os traços de personalidade e as respostas associadas ao elemento Madeira são a expansão, a tomada rápida de decisões, um excelente metabolismo, a aceitação de mudanças e a facilidade de adaptação na vida. Uma das melhores maneiras de nos mantermos alegres é lidar com as mudanças e alterações da vida com rapidez e facilidade. Para aumentar a energia da Madeira em seu corpo, pratique a sensação de expansão. O que significa expansão para você? Pode ser algo simples, como fazer uma caminhada extra esta semana ou elogiar as pessoas ao seu redor. Encontre seu próprio limite e alongue-o – veja onde isso pode levar. Quando você se alonga e cresce, está exercitando o elemento Madeira em seu corpo, permitindo que ele o nutra ainda mais.

Madeira para a Abundância

O elemento Madeira é o regente da primavera, o que significa que ele tem a ver com o plantio de sementes. Quando plantamos sementes e agimos em direção a um crescimento intencional e saudável, coisas realmente incríveis florescem em nossa vida. Faça o trabalho, plante as sementes e saiba e confie que a colheita virá. Se você trabalha no mundo corporativo, por exemplo, o plantio de sementes pode ser como fazer um plano de negócios, escrever um livro, criar um podcast, fazer *upload* de vídeos ou conteúdo escrito, postar nas mídias sociais ou fazer *networking*. Quando você pratica o plantio de sementes com uma mentalidade de expansão, otimismo e amor, descobre que suas ações levam a frutos ainda melhores na colheita. Seu crescimento, como toda a criação, tem estações, inclusive a estação do plantio.

O Elemento Fogo

火

O Fogo Queima a Madeira e Cria a Terra.

O elemento Fogo é um sentimento de expansão máxima. Nós nos conectamos a esse sentimento quando estamos apaixonados ou muito entusiasmados com um novo projeto. É como quando uma flor está desabrochando ou aquele momento em que os negócios estão crescendo e um grande fluxo de dinheiro está entrando. O elemento Fogo também é representado pelo pico de energia no meio de uma corrida e pela sensação de ter em suas mãos algo que exigiu muito tempo e energia para ser criado. Alguns eventos, como casamentos, por exemplo, também refletem a energia do Fogo, pois há muitas etapas a serem cumpridas para que um momento importante seja uma experiência mágica e frutífera.

Associado ao coração e ao intestino delgado, o elemento Fogo é um aspecto tão importante da nossa vida, que no relógio chinês de meridianos ele aparece duas vezes, das 11h00 às 15h00 e novamente das 19h00 às 23h00. O ciclo inicial (11h00 às 13h00) está relacionado ao meridiano do coração, ligado a sentimentos de paz, alegria e felicidade. Das 13h00 às 15h00, concentramo-nos no meridiano do intestino delgado, que está emparelhado com o meridiano do coração e nos ajuda a receber a nutrição dos alimentos que ingerimos. Entre 19h00 e 21h00, temos o ciclo do meridiano do pericárdio, no qual aprendemos a desenvolver a resiliência em nosso coração. Esse é geralmente o momento do dia em que as pessoas se sentam com seus entes queridos e compartilham histórias. Compartilhar histórias é uma maneira de fortalecer nosso coração, pois desenvolvemos empatia e resiliência ao ouvirmos sobre a vida de outras pessoas. O ciclo relacionado ao meridiano do aquecedor triplo é das 21h00 às 23h00, que é o ciclo que fortalece nosso sistema imunológico e apoia nosso gerenciamento do estresse. O meridiano do Triplo Aquecedor é um conceito da Medicina Chinesa que descreve os *jiaos*, fluxos da energia vital nas partes superior, média e inferior do corpo. Esse sistema facilita o transporte da energia do Fogo por todo o corpo e explica por que ela é fundamental para um sistema imunológico saudável. O ciclo do elemento Fogo das 11h00 às 15h00 pode ser expresso pelas atividades que fazemos ao ar livre durante a parte ensolarada do dia, enquanto o ciclo das 19h00 às 23h00 desenvolve nosso elemento Fogo interno, que cultiva nossa paixão e entusiasmo pela vida. Ambos são peças essenciais para a criação de um corpo forte e saudável.

Para cuidar desse Fogo ardente, é muito importante respirar um pouco, especialmente quando a alegria transborda. Sinta o elemento Fogo e, em seguida, aterre-se poderosamente à energia dele, pois a próxima energia do ciclo é o elemento Terra. O aterramento é uma forma de se conectar com a terra, portanto, ele o guia naturalmente para o fluxo deste elemento quando você tira um momento para si mesmo. Confie que essa incrível energia do elemento Fogo sempre retornará ao ciclo, assim como todos os elementos. Em vez de perseguir os sentimentos de empolgação no momento ou de se sentir desapontado com o fato de o sentimento ir embora, acompanhe o ritmo da experiência e permita-se uma aterrissagem suave. Da próxima vez, você poderá se preparar rapidamente para mais momentos de pico.

Assim como seria impossível sentir um amor intenso e apaixonado durante todo o dia ou sentir a euforia de um corredor durante vinte e quatro horas, o elemento Fogo é um estado de ser temporário. Saiba que esse fogo se apaga, mas há coisas que você pode fazer para ajudar a se recuperar ao longo do dia. Pequenas coisas como dançar, brincar, rir, ter uma conversa incrível com um amigo próximo, fazer uma boa corrida e até mesmo comer em seu restaurante favorito são maneiras de se encher de alegria e acender o elemento Fogo em seu interior.

Fogo para o Corpo

Os momentos de expansão máxima ocorrem por meio do elemento Fogo. Para ajudar seu corpo a expressar isso, coma alimentos de cor vermelha. Acrescente cerejas, maçãs vermelhas e morangos à sua dieta. Você também pode adicionar um pouco de curry vermelho ou pimenta-caiena para dar um toque picante. (Certifique-se sempre de que os alimentos sugeridos são adequados para o seu corpo). Quando você está experimentando um pico de alegria ou riso, isso ativa o elemento Fogo, portanto, é uma boa prática permitir-se entrar nesse estado. O elemento Fogo também prospera quando você explora o mundo com mais abertura. Isso pode incluir ir a um novo restaurante uma vez por semana ou talvez explorar uma danceteria. Também pode incluir conhecer novos amigos. Sempre que você se abre corajosamente para o desconhecido, está expandindo o elemento Fogo dentro do seu corpo.

Fogo para Casa e Escritório

Dê uma olhada na sua casa. Observe se há algo vermelho exposto. Embora não seja ideal ter uma quantidade excessiva de vermelho, pois isso pode estimular uma agitação excessiva, pequenos toques dessa cor podem realmente adicionar energia e movimento ao espaço. Se houver uma área da sua casa que você frequentemente esquece ou à qual não dá muita atenção, pode ser uma boa ideia incorporar a cor vermelha de alguma forma. Isso trará energia, atenção e consciência para essa parte da casa. Sempre que direciona energia e atenção a uma área da sua casa, está trazendo mais do elemento Fogo para ela.

Fogo para o Caráter

Os traços de personalidade associados ao Fogo incluem extroversão, expansividade, presença e consciência. Quando você está plenamente presente no momento atual, sua energia está completamente envolvida. Nestes momentos, você se sentirá seguro para falar, compartilhar e doar generosamente a todos ao seu redor. À medida que você cresce e evolui, sua capacidade de expandir, ter mais visibilidade, maior audiência, receber e doar aumenta.

Para exercitar o elemento Fogo, experimente a sensação real de dar tudo de si em um projeto ou exercício. Devido à intensidade do elemento Fogo, é muito importante lembrar que, depois de exercer essa energia, você deve descansar e se restabelecer antes do próximo pico energético. O elemento Fogo não é um estado que possa estar continuamente. No entanto, quanto mais se permitir atingir esse nível máximo de expansão, mais vai crescer. Sempre que você consegue se abrir um pouco mais, a expansão acontece. Lembre-se apenas de descansar e se recuperar depois de sair do seu estado de pico.

O elemento Fogo também se manifesta nos momentos em que seus pensamentos estão acelerados, as ideias fluem livremente e seu coração bate mais rápido. Enquanto estiver nesse estado, escreva suas ideias ou compartilhe-as com alguém. Você pode até fazer uma gravação falando sobre essas ideias para que possa reproduzi-las quando precisar agir – é sempre melhor agir a partir de um estado mais fundamentado. Para manter-se firme nesses momentos intensos, equilibre suas energias com o elemento Terra. Respirar profundamente, meditar, caminhar na natureza e comer alimentos nutritivos podem ser formas de se aterrar. Reservar de quinze a vinte minutos para se alongar é outra maneira fácil de acessar o elemento Terra. Há ainda mais sugestões sobre como fazer isso na próxima seção.

O elemento Fogo pode ser responsável por aqueles momentos em que você está simplesmente capturando suas boas ideias – não exatamente no estágio de construção, mas na fase de apreciação. Ainda assim, é bom colocar todas as suas ideias incríveis no papel para que, quando se sentir em paz e mais à vontade, possa começar o processo de criação do zero.

Fogo para a Abundância

Quando você está no pico do elemento Fogo, é quando se torna mais atraente. Frequentemente, pessoas que trabalham com vendas sabem como aproveitar essa energia envolvente do Fogo. Esse elemento também se manifesta em momentos de abundância financeira, comum entre profissionais de vendas e imobiliários. Nesses momentos, é melhor respirar e se ater a essa nova energia. Você pode fazer isso colocando uma grande porcentagem de sua renda repentina em uma conta poupança, o que está relacionado ao próximo elemento que discutiremos, o elemento Terra. Ao se ater ao elemento Terra, você está criando uma sensação de segurança enraizada no corpo e permitindo que o elemento Fogo retorne ao ciclo ainda mais rapidamente na próxima vez.

O Elemento Terra

A Terra tem Metal enterrado em seu interior

O solo escuro do elemento Terra está relacionado tanto à mente subconsciente quanto à consciente. É a energia de nossas raízes e profundidade. O solo é rico em informações, pois registrou toda a história, e é rico em nutrientes. O elemento Terra é uma sabedoria antiga, fundamentada e ancestral em nossos corpos. Quando honramos o elemento Terra, somos restaurados por sua energia de força vital. Acrescentar vegetais de raiz em sua dieta é uma maneira maravilhosa de repor o elemento Terra em seu corpo.

No relógio meridiano chinês, das 7h00 às 11h00, ocorre o ciclo do elemento Terra. O meridiano do estômago, por exemplo, está ativo das 7h00 às 9h00. Consumir o café da manhã durante esse período permite que o corpo absorva nutrientes e energia vital, fortalecendo o elemento Terra. O ciclo do meridiano do baço é das 9h00 às 11h00 horas, o que apoia o sistema linfático e o sistema imunológico.

O elemento Terra abrange os aspectos físicos da vida, incluindo seu corpo físico, seu carro, sua casa e todas as plantas e itens dentro dela. Quando há um excesso de energia do elemento Terra em sua vida, você se sentirá bem aterrado. No entanto, é possível ter uma quantidade excessiva dessa energia. Por exemplo, uma casa tão grande que se torna difícil de cuidar pode fazer com que o elemento Terra sobrecarregue você.

A energia da Terra também se manifesta em padrões e rotinas de aterramento. Se você tem algumas rotinas que são úteis, continue com elas. No entanto, se achar que alguns de seus padrões ou rotinas não são mais tão úteis ou se estiver causando lentidão, você pode tentar incorporar o elemento Metal para reduzir um pouco do peso do elemento Terra.

Terra para o Corpo

Para nutrir o elemento Terra, concentre-se em alimentos amarelos e vegetais de raiz. Limão, maracujá, pimentão amarelo, cenoura, batata, inhame, abóbora e batata-doce são alimentos que fortalecem o elemento Terra no seu corpo. Aterramento é uma das coisas mais importantes para o corpo físico, então consuma alimentos que o aterrem e o conectem à Terra.

Se você sentir agitação depois de um jantar com amigos ou familiares, por exemplo, esse é um bom momento para retomar os exercícios de aterramento e voltar ao seu próprio campo de energia. Sempre que se sentir um pouco fora de si ou fora do seu próprio mundo, reserve um momento para voltar ao seu elemento Terra. Passar apenas alguns minutos em repouso, respirando e concentrando todos os seus pensamentos em si mesmo pode ser um poderoso exercício de aterramento.

Uma maneira divertida de ativar o elemento Terra é ter uma rotina de treinamento com pesos. Quanto mais forte for o seu corpo físico, mais ligado à Terra você estará. O elemento Terra também adora rotinas. Quanto mais você se exercita em um determinado horário ou segue uma rotina de treinamento de força, mais feliz o elemento Terra fica em seu corpo. Isso pode ser tão simples quanto fazer uma caminhada todas as manhãs no mesmo horário ou meditar à noite no mesmo horário. O segredo é ter uma rotina que realmente torne o elemento Terra equilibrado em seu corpo.

Outra ótima maneira de aterrar seu corpo é por meio da meditação. Concentrar-se em seu corpo físico permite que você fortaleça a energia da força vital. Enquanto estiver meditando, reserve um tempo para se concentrar em cada parte do corpo e em cada chakra. Concentrar-se em seu corpo físico acrescenta energia a ele. Muitas vezes, estamos pensando no passado, no futuro, em alguém ou em alguma coisa. Em vez disso, traga essa energia de volta para seu corpo. Ao trazer toda a sua consciência para o seu corpo real, você se sentirá muito mais firme.

Ao dedicar tempo para fazer regularmente exercícios de aterramento, você perceberá que seu campo de energia se torna mais forte e resistente. Seus pensamentos se tornam mais claros e você se conecta melhor à sua própria energia.

Terra para Casa e Escritório

Os rituais e rotinas de aterramento também são uma excelente maneira de fortalecer o elemento Terra em sua casa. Por exemplo, você pode ter um ritual para regar as plantas ou uma rotina de limpeza que se encaixe bem em sua agenda. Ao estabelecer sistemas para amar e cuidar de sua casa, você infunde a energia do elemento Terra em seu lar. Sua casa sabe o que esperar, sabe o que fortalece a energia do ambiente

Para simbolizar o elemento Terra, certifique-se de que haja tons marrons e amarelos em sua casa. Lembre-se de que o excesso de marrom pode tornar um espaço pesado, o que significa que será mais difícil se mover ou agir. Para equilibrar isso, adicione toques de outras cores para iluminar o espaço.

Terra para o Caráter

Você manifesta suas qualidades do elemento Terra quando os outros sentem o quão maravilhoso é estar em sua presença. As pessoas nesse estado ressoam como doces, nutritivas, carinhosas e muito fundamentadas. Você pode sentir que o corpo delas está repleto de energia vital e bondade. É como se pudesse sentir a boa comida que elas comem e as boas ações que realizam simplesmente emanando de seus corpos.

Quando mantém rotinas saudáveis em sua vida, como bons hábitos alimentares, prática de yoga ou idas à academia, e inclui palavras doces e positivas em sua comunicação, você percebe que seu corpo irradia essa energia fundamentada para as pessoas ao seu redor. Quando o seu elemento Terra está excessivamente pesado, você pode sentir uma sobrecarga, podendo até encontrar dificuldade para agir. Se achar que está desenvolvendo um estilo de vida sedentário, pode ser útil explorar o elemento Metal, que será discutido na próxima seção. Para começar, você pode se fazer as seguintes perguntas: Há alguma forma de pensar que eu possa liberar? Há algum item físico em minha casa que eu possa me livrar? Muitas vezes, quando começamos a nos desapegar de coisas por meio do elemento Metal, percebemos que o nosso elemento Terra interior se suaviza, deixando-nos livres para fazer as coisas que amamos com mais facilidade.

Terra para a Abundância

No mundo da abundância, o elemento Terra representa sua conta poupança. Ter um relacionamento saudável e amoroso com sua conta poupança pode ser um exercício profundamente enraizado e nutritivo. Em vez de vê-la apenas como uma conta poupança, você pode imaginá-la como um solo rico que está nutrindo as sementes da abundância que florescerão em sua vida.

Ao olhar para seus itens físicos, certifique-se de observá-los com carinho e de cuidar do que possui atualmente com atenção. Isso aumentará a abundância em sua vida. Quando você presta atenção e expressa gratidão pelo que tem, coloca em movimento um fluxo de energia que atrai ainda mais prosperidade. Faça da expressão de gratidão por tudo o que possui uma prática diária e observe como sua abundância floresce.

O Elemento Metal

金

O Metal Produz Água (Minerais em um Riacho)

O elemento Metal representa o poderoso mundo da transformação, da liberação e do desapego. Ele rege a dor, os pulmões e o intestino grosso. Além disso, é responsável pela pele, o maior órgão do corpo, que permite a desintoxicação e a liberação de toxinas através do suor e de outras vias. O Metal possui a energia de dissolver, desmontar e eliminar o que não serve mais ao sistema geral.

O elemento Metal pode ser utilizado quando liberamos uma crença limitante ou deixamos de lado uma parte da nossa identidade. Ao descartar roupas antigas, apagar arquivos ou fotos do seu computador ou telefone, ou realizar uma limpeza profunda na sua casa, todas essas ações exemplificam o elemento Metal em plena atividade.

No relógio chinês de meridianos, o elemento Metal rege das 3h às 7h. Das 3h às 5h, temos o ciclo conectado ao meridiano do pulmão, que tem tudo a ver com a liberação e o desapego por meio das passagens de ar dos pulmões. Das 5h às 7h, essa mesma energia de liberar e soltar é refletida no meridiano do intestino grosso. É por isso que, no início da manhã, você pode sentir sonolência e um profundo estado de relaxamento – o corpo ainda está passando por seu ciclo de liberação e limpeza. Esse é um bom momento para meditar e estar presente consigo mesmo; dê tempo ao seu corpo para se liberar totalmente e deixar ir. Quando você libera profundamente o que não lhe serve mais a cada dia, consegue trazer mais poder e energia para sua vida em geral.

Metal para o Corpo

O branco é a cor central para nutrir o elemento Metal. Considere alimentos como cevada pérola, semente de Jó (*yi yi ren*), couve-flor, cebolas brancas, alho, gengibre, rabanetes brancos, cogumelos brancos, erva-doce e aipo para fortalecer o elemento Metal.

Liberar o corpo é uma prática muito bonita. Ao nos honrarmos genuinamente deixando ir o que não nos serve mais, criamos espaço para que coisas e pessoas ainda mais incríveis entrem em nossa vida. Ter rituais e rotinas que apoiem seu corpo no processo de desapego pode ser muito útil. Vasculhe seu armário uma vez por ano para se desfazer de roupas velhas ou limpe seu corpo a cada estação; essas são maneiras maravilhosas de apoiar o processo de liberação e transformação. Quando a liberação e o descarte são rituais que fazem parte da sua rotina, você está efetivamente abrindo portas energéticas.

Metal para Casa e Escritório

Quando você ativa o elemento Metal em sua casa ou escritório, pode sentir a energia de liberação e desapego. Para isso, reserve alguns momentos para relaxar a mente (talvez até meditar) e permita-se sentir a energia de todo o ambiente. Há áreas em sua casa que estão prontas para serem organizadas e desarrumadas? À medida que cresce e evolui a cada dia, começará a reconhecer coisas que costumava amar e usar com frequência e que não usa mais. É poderoso confiar em si mesmo e renunciar a itens físicos em sua casa que não estão alinhados com quem você é atualmente ou com quem deseja se tornar. Ao remover esses itens, você está criando espaço para novos começos.

Metal para o Caráter

A personalidade do elemento Metal se reflete nos momentos em que você precisa ser firme como um machado. São ocasiões em que é necessário ter conversas diretas e poderosas para liberar o que não lhe serve mais. Um lado prático e objetivo de sua personalidade pode surgir para realizar as coisas, e isso pode acontecer naturalmente, sem que você precise dedicar muitos pensamentos ou sentimentos à ação em questão. O metal é um aspecto poderoso da personalidade com a qual deve se sintonizar, porque ajudará você a realizar o trabalho. O mantra "Não pense, apenas aja", vai ajudar você a entrar em contato com a energia do elemento Metal. Quanto mais abraçar essa energia, mais rápida e facilmente suas tarefas e projetos serão concluídos.

Metal para a Abundância

O elemento Metal possui um aspecto transformador. Quando você gasta dinheiro ou se entrega completamente ao momento, está ativando o elemento Metal. Cada vez que você gasta dinheiro, ele se transforma em algo útil para você: seja em alimento, investimento ou experiência. O Metal leva ao elemento Água, que é um elemento muito nutritivo. Quando você gasta dinheiro conscientemente, está usando a energia do elemento Metal de uma forma que o satisfaz. A abundância chega quando você faz escolhas que se transformam em valor agregado e energia em sua vida. Esse é o poder do elemento Metal: pegar uma forma de energia e transformá-la em algo ainda mais incrível.

O Elemento Água

水

A Água Nutre a Madeira (Plantas e Árvores em Crescimento)

O elemento Água é mágico. Ele nutre e sustenta todas as coisas, por isso é frequentemente associado à abundância. Ao observarmos a consciência da Água, encontramos alegria, e isso gera e cria mais energia vital. Você já notou que em qualquer lugar onde haja um alto nível de alegria, pessoas mais saudáveis e felizes estão associadas a ele?

No relógio meridiano chinês, encontramos o período do elemento Água entre 15h00 e 19h00. Das 15h00 às 17h00, temos o meridiano da bexiga, que representa a energia de controle e liberação. Saber quando conservar sua energia é tão importante quanto saber quando liberá-la. Ter uma compreensão saudável do controle e direcionamento de sua energia pode ajudar você a criar uma vida que deseja, pois permite concentrar sua energia nos projetos que verdadeiramente enriquecem. Entre as 17h00 e as 19h00, temos o meridiano do rim, que é considerado uma energia ancestral e armazena todas as essências vitais. Nutrir o meridiano da bexiga e o meridiano do rim apoia o elemento Água em seu corpo.

Água para o Corpo

O preto é a cor que deve ser enfatizada quando se pensa em alimentos para sobrecarregar o elemento Água em seu corpo. Explore alimentos como amoras, azeitonas pretas, feijão preto, sementes de gergelim preto ou bebidas com pó de gergelim preto, arroz preto, sementes de chia e uvas roxas escuras. A maior parte do corpo humano é composta de água, portanto, o elemento Água é fundamental para um corpo saudável e forte. Ao consumir alimentos de cor preta, como feijão preto e gergelim em pó preto, você aumenta a energia dos rins e reabastece o elemento Água em seu corpo.

A meditação profunda, o Yin Yoga, a quietude e um repouso profundo são outras maneiras maravilhosas de cultivar o elemento Água. Este elemento envolve uma contração máxima, alcançada ao mergulhar profundamente em si mesmo e acessar um espaço vazio. Você pode ter uma sensação de flutuação, como se seu corpo tivesse se transformado completamente em água e se conectado à unidade de toda a criação. Nesses momentos em que se solta completamente, você está permitindo que sua consciência se reorganize. Essa fluidez e flexibilidade permitem que o elemento Água preencha seu corpo e melhore a circulação. A boa circulação permite que mais força vital flua por seu corpo, o que aumenta a alegria, a sorte e a magia em sua vida.

Água para Casa e Escritório

Uma excelente maneira de observar o elemento Água em sua casa é observar como ela flui. Você percebe se os espaços e corredores estão suficientemente abertos para que a energia possa circular livremente? Existe algo obstruindo o fluxo na casa? Se houver áreas difíceis de transitar, como desordem ou excesso de plantas, talvez seja útil reservar um tempo para desobstruir esses caminhos.

A cor azul está associada ao elemento Água. Dê uma olhada em sua casa e veja se há áreas que se beneficiariam com a adição de um tom de azul calmante. Você também pode descobrir que adicionar uma pequena fonte de água melhora muito a sensação de tranquilidade em sua casa. Entretanto, nunca deve haver água estagnada em nenhum lugar da casa. Exemplos disso seriam um vaso com água parada, uma planta que está sendo regada em excesso ou um lago turvo no quintal. Qualquer lugar onde a água não esteja se movendo não é um sinal saudável. A água saudável e feliz está circulando e fluindo! Certifique-se sempre de que a água em sua casa tenha movimento. Se tiver água em um vaso, por exemplo, troque a água com frequência.

Mudar os móveis de lugar é outra forma de ativar o elemento Água. Essas mudanças revitalizam o fluxo em sua casa. Quando você deseja sinceramente uma mudança, rearranjar os móveis é uma maneira de manifestar essa transformação em sua vida e, ao mesmo tempo, conectar-se ao nutriente elemento Água

Água para o Caráter

A personalidade do elemento Água caracteriza-se pela sua capacidade de fluir com o movimento. Assim como a água pode mudar de forma e fluir do riacho para o rio e depois para o oceano, ao aceitar a mudança, você explora os aspectos do elemento Água dentro de si mesmo. Ao exercitar o músculo da flexibilidade, confiando e seguindo o fluxo, você ativa a energia da água em seu interior. Isso permite que você perceba como sua personalidade pode ser verdadeiramente mutável.

Ao abraçar continuamente esse estado, a alegria naturalmente tomará conta de seu corpo. Nestes momentos, você está em sintonia com o fluxo da vida e da criação.

Água para a Abundância

O elemento Água traz vida por onde passa, sendo o regente da abundância. Onde há água, encontramos plantas exuberantes e uma vegetação colorida e rica em nutrientes. Além disso, ele é associado à sensualidade e à sexualidade. Ao se sentir confiante e com maior expressividade, você se conecta com a energia de reprodução do elemento Água, gerando abundância. Esta energia representa uma profunda confiança interior que possibilita a cocriação da sua vida. Ao cuidar da sua força vital, a abundância naturalmente encontra o caminho até você.

Os Cinco Elementos e a Expansão

Você está em constante evolução e expansão. Ao incorporar os cinco elementos na sua vida cotidiana, perceberá como tudo se torna mais vibrante e cheio de alegria. Adicionar todas as cinco cores elementais à sua alimentação (vermelho, verde, amarelo, preto e branco) não apenas torna as refeições mais divertidas e lúdicas, como também as enriquece com nutrientes incríveis. Ao experimentar a expressão de todas as cinco características elementares, você se tornará uma versão ainda melhor de si mesmo. Utilizando os cinco elementos em sua casa e no escritório, essas áreas começarão a se sentir mais felizes, seguras e aconchegantes.

Acima de tudo, permita que sua intuição guie você à medida que se move pelo mundo dos cinco elementos. Lembre-se de que essa é uma contemplação e uma jornada de expansão para toda a vida, e as informações compartilhadas aqui devem ser um guia de referência ao qual você pode retornar até que tenha memorizado os conceitos. Um mundo ainda mais completo e belo aguarda você quando tiver implementado os cinco elementos em sua vida cotidiana.

Capítulo 11

Feng Shui dos Cristais

É melhor um diamante com um defeito
do que uma pedra sem ele.

– Provérbio Chinês

Os povos do Extremo Oriente têm utilizado o poder do Feng Shui há muitas gerações. O Feng Shui é uma metodologia antiga que foi desenvolvida há mais de três mil anos na China. Literalmente, *feng* se traduz como "vento" e *shui* significa "água". Na cultura chinesa, o vento e a água estão associados à boa saúde, por isso o termo "Feng Shui" passou a representar a boa sorte. Embora esse conceito chinês exista há milênios, o Feng Shui também decolou no Ocidente, começando na década de 1970, com o interesse aumentando com o tempo. Muitos asiático-americanos já ouviram falar do Feng Shui. No reality show de TV *Bling Empire*, que enfoca os americanos do Leste e do Sudeste asiático, eles até falam sobre o Feng Shui no programa.

O objetivo do uso do Feng Shui é fazer com que seu ambiente flua com boa energia *qi*, colocando determinados itens em lugares específicos. Durante a infância de Pamela, um mestre de Feng Shui taiwanês que sua família considerava "famoso" vinha ocasionalmente ajustar o Feng Shui em sua casa. Segundo eles, era importante que a energia da casa fluísse e fosse equilibrada para atrair boa sorte.

O Mapa Baguá

Conforme compartilhado no capítulo anterior, de acordo com os chineses, os cinco elementos são Água, Madeira, Metal, Terra e Fogo. Juntos, esses elementos criam equilíbrio. Portanto, todos os cinco são usados no Mapa Baguá, um diagrama que divide as seções de um espaço. Essa é uma parte essencial do Feng Shui. Você pode usar esse mapa em um cômodo, na casa inteira ou até mesmo em uma mesa. Cada seção rege um elemento específico e cada elemento rege uma energia específica, como amor, saúde, dinheiro, fama e assim por diante. Embora o Mapa Baguá seja um quadrado perfeito, sua casa ou espaço provavelmente não é; basta combinar os dois da melhor forma possível.

Ao usar um Mapa Baguá, a entrada principal de sua casa ou espaço é sempre usada como uma forma de se orientar. (Se você tiver duas portas que usa regularmente, use a porta onde as entregas são deixadas). Você sempre começará com a entrada ao mapear seu cômodo ou casa, que será o seu Norte. O Sul é então a caixa "Fama, Fortuna e Reputação" e assim por diante. Esse sistema é semelhante à leitura da cera em um feitiço de vela: essas direções não são a direção para a qual você está voltado na Terra, mas as direções do próprio mapa.

O Feng Shui é semelhante à Astrologia no sentido de que você pode estudá-lo por toda a sua vida e ainda ter mais a aprender – há muitas informações disponíveis. Não desanime se o Feng Shui o sobrecarregar ou confundir no início.

RIQUEZA E PROSPERIDADE Madeira Púrpura	FAMA, FORTUNA E REPUTAÇÃO Fogo Vermelho	AMOR, CASAMENTO E RELAÇÕES Terra Vermelho e Cor-de-rosa
FAMÍLIA E SAÚDE Madeira Verde	SAÚDE E BEM-ESTAR Terra Amarelo e Tons de terrosos	CRIATIVIDADE E CRIANÇAS Metal Branco, cinza e tons pastéis
ESPIRITUALIDADE E CONHECIMENTO Terra Azul e Verde	CARREIRA Água Preto e Tons escuros	VIAGENS E PESSOAS ÚTEIS Metal Cinza

(ENTRADA DA CASA)

A Magia dos Cristais

Neste capítulo, você aprenderá maneiras simples de combinar o Feng Shui com a magia dos cristais. Esse método traz um fluxo equilibrado de energia para sua casa ou espaço de trabalho. Depois de ler este capítulo, você terá todas as diretrizes e informações básicas de que precisa para começar imediatamente. É claro que sempre há mais a ser aprendido sobre esse assunto.

Brincar com cristais é uma maneira divertida e fácil de movimentar a matéria e a energia em seu mundo e de fazer isso com intenção. Trazer a energia dos cristais para a sua casa pode ser uma das maneiras mais fáceis de ativar correntes energéticas poderosas e manifestar um fluxo de energia que apoie você e todos que entram em sua casa. Os cristais podem ser caros, porém, lembre-se de que até mesmo o menor cristal está conectado à Mãe Terra, de onde ele veio. Nunca subestime um cristal minúsculo: ele pode ser tão poderoso, ou até mais poderoso, do que um cristal grande.

Neste capítulo, trabalharemos com os seguintes cristais: citrino, quartzo-transparente, quartzo-rosa, fluorita, quartzo-espiritual, celestita, ametista e quartzo-fumê. Estes são cristais comuns, portanto, devem ser fáceis de encontrar e ter preços acessíveis. Dito isso, há muitos outros cristais mencionados no Mapa Baguá do Feng Shui com Cristais que também podem ampliar a sua boa sorte.

Uso de Cristais com o Feng Shui

Você já pensou em usar os cristais para magia e não apenas para decoração? Em vez de simplesmente escolher um lugar aleatório para os cristais, você pode colocá-los estrategicamente em torno do seu espaço sagrado. O poder do Feng Shui e dos cristais pode trazer boas vibrações para qualquer área. Juntos, eles ativam as energias específicas de uma casa ou espaço e, ao mesmo tempo, amplificam as frequências dos cristais. Os cristais ajudam a criar harmonia e um fluxo constante de energia pura, clara e positiva. Como bônus, eles são muito bonitos, o que os torna uma linda decoração para qualquer casa.

Usando o Mapa Baguá do Feng Shui com Cristais, você aprenderá onde colocar os cristais para que eles possam maximizar a energia do seu espaço e, ao mesmo tempo, aumentar seu próprio poder. Depois de decidir que tipo de energia gostaria de ampliar em uma área específica, pode consultar o mapa para determinar quais cristais ou objetos associados a essa mesma energia devem ser colocados nesse espaço. Você pode até mesmo organizar sua mesa ou ampliar seu altar seguindo esse mesmo mapa.

Como sempre, ouça sua intuição. Se sentir que um cristal funcionaria bem em algum lugar, mas não coincidir com o seu plano ou com o Mapa Baguá do Feng Shui com Cristais, confie na sua intuição. A vida tem tudo a ver com descobrir o que funciona bem para você! Além disso, com sua poderosa intuição, há uma boa chance de que sua ideia esteja certa: os cristais têm muitos significados e um deles pode se alinhar perfeitamente com o local que você escolheu para colocar o cristal intuitivamente. O Mapa Baguá do Feng Shui com Cristais é apenas um guia, portanto, não o leve muito a sério – em caso de dúvida, siga sua orientação interior.

Mapa Baguá do Feng Shui com Cristais

Este é o seu guia mágico para criar um fluxo positivo de energia equilibrada em qualquer espaço, até mesmo em sua mesa de trabalho. Basta combinar o cômodo ou o espaço com esse mapa da melhor forma possível e depois começar a decorar!

Riqueza e prosperidade

Elemento: Madeira

Cor: púrpura

Decoração: arte, objetos de coleção, vasos, estátuas, flores, uma tigela de frutas, espelhos dourados, sinos de vento

Cristais: pirita, citrino, rubi, aventurina-verde, esmeralda

Evite: plantas mortas e contas acumuladas

Fama, fortuna e reputação

Elemento: Fogo

Cor: vermelho

Decoração: prêmios, diplomas, troféus, triângulos, velas, imagens do sol, uma lareira

Cristais: quartzo de aura vermelha, rubi, cornalina

Evitar: água

Amor, casamento e relacionamentos

Elemento: Terra

Cores: vermelho e rosa

Decoração (em pares): velas, corações, quadrados, fotos de um casal, coisas românticas, rosas

Cristais: quartzo-rosa, calcita-cobaltoana, morganita

Evite: itens tristes, ímpares ou solitários

Família e saúde

Elemento: Madeira

Cor: verde

Decoração: fotos de família, plantas, flores, madeira, pinturas ou gravuras florais, água

Cristais: fluorita-verde, pirita, apofilita-verde

Evitar: metais

Saúde e bem-estar

Elemento: Metal

Cor: branco, cinza e tons pastéis

Decoração: sinos, sinos de vento, fotos em molduras de metal, imagens de água parada, objetos redondos e ovais

Cristais: pedra da lua, quartzo aura de anjo, opala

Evitar: fogo

Espiritualidade e conhecimento

Elemento: Terra

Cor: azul e verde

Decoração: livros, revistas, almofadas de meditação, estantes, plantas, quadrados, luminárias

Cristais: celestita, selenita, ametista

Evitar: fogo

Carreira

Elemento: Água

Cor: tons pretos e escuros

Decoração: espelhos com molduras escuras, vidro, água, fotos de lagos ou oceanos, arte

Cristais: quartzo-fumê, turmalina-preta, granada

Evitar: terra

Viagens e pessoas prestativas

Elemento: Metal

Cor: cinza

Decoração: qualquer coisa prateada ou preta, armários de arquivo, mapas-múndi, cartões de visita, anjos da guarda, imagens de proteção

Cristais: água-marinha, aventurina, quartzo-transparente

Evitar: madeira

Como Praticar o Feng Shui dos Cristais

Você provavelmente ainda está digerindo tudo o que leu sobre essa prática mágica até agora. Se parecer confuso, não se preocupe. Vamos dividi-la em algumas etapas muito simples que poderá seguir para criar um espaço potente e encantado usando seus cristais.

Defina sua intenção. Decida quais energias você gostaria de chamar. Decida também em que espaço(s) você se concentrará.

Em seguida, defina um orçamento para a compra de cristais. Use os recursos deste capítulo para selecionar os cristais que podem ajudar você a ampliar as energias que gostaria de atrair; o Mapa Baguá do Feng Shui com Cristais tem muitos cristais para escolher.

1. Agora vem a parte divertida: vá e compre seus cristais! Depois de trazê-los para casa, é importante garantir que sejam limpos antes de iniciar qualquer trabalho com eles. Se já possui cristais, escolha um que esteja chamando por você. Uma excelente maneira

de purificá-los é defumá-los com ervas como lavanda ou alecrim. Caso não tenha ervas para defumar, você também pode visualizar uma luz dourada emanando de suas mãos, envolvendo os cristais enquanto os infunde com amor e limpa as energias estagnadas.

2. Consulte o Mapa Baguá do Feng Shui com Cristais e comece a combinar as energias e os cristais com o seu espaço no mapa.
3. Isso é opcional, mas você pode preencher suas localizações especificadas com mais objetos além de apenas cristais. Escolha itens associados aos elementos específicos atribuídos a essas áreas. Por exemplo, colocar objetos que simbolizam a Terra na área de "Espiritualidade e Conhecimento". Neste exemplo, você poderia adicionar pinturas de montanhas ou campos, ou escolher outras decorações que sejam nas cores marrom, bege ou neutra.

Agora você criou um novo espaço mágico com intenção. Aproveite o fluxo positivo de energia que ele traz para sua casa ou local de trabalho.

Feng Shui dos Cristais para a Prosperidade

Use o Feng Shui dos cristais para atrair prosperidade e boa sorte para sua casa. Lembre-se de que a prosperidade não se trata apenas de riqueza e dinheiro – trata-se de ser abundante e realizado em todos os aspectos de sua vida. Portanto, gostaríamos de compartilhar algumas dicas extras de Cristal Feng Shui para ativar seu vórtice de prosperidade e atrair essa magia.

Para aumentar o fluxo de abundância em sua vida, é essencial criar um ambiente aberto e acolhedor em sua casa e em seu espaço de trabalho. A primeira dica é organizar-se, livrando-se de coisas que não são necessárias para que elas não impeçam que a prosperidade chegue até você. Certifique-se de trazer algumas plantas para o ar fresco e ter muita luz natural. O ouro é um símbolo de dinheiro, portanto, decore o espaço com muita decoração dourada. Para ir além, crie um altar da prosperidade na seção de riqueza da sala com base no Mapa Baguá do Feng Shui com Cristais. Você pode decorá-lo com itens individuais que ressoam com a energia da prosperidade e pode até invocar Divindades e arquétipos como o Sapo da Sorte e o Buda Risonho. O mais importante é ter a intenção de ser abundante e acreditar que você já é!

Embora tenhamos fornecido muitas sugestões, o mais importante é garantir que você se sinta bem com o local onde está colocando os cristais. Sempre os coloque com intenção e consciência. Observe como cada posição dos cristais afeta suas sensações e a energia do ambiente. Se sentir que um cristal não está adequado em determinado espaço, não hesite em movê-lo! A energia desse cristal pode ressoar em uma frequência diferente para você, e seu significado pode ser totalmente distinto do convencional. Explore o que funciona melhor e confie na sua intuição e instintos acima de tudo.

Feng Shui dos Cristais para o Amor

Também queríamos incluir algumas dicas mágicas extras com o Feng Shui dos Cristais para atrair um parceiro amoroso.

Em primeiro lugar, cerque seu quarto com cristais rosa e vermelhos. Coloque itens vermelhos e rosa emparelhados pelo quarto, especialmente ao lado da cama. Por exemplo, coloque torres de quartzo-rosa ou algumas velas vermelhas juntas. Outras ideias são colocar quartzos-rosa ao redor da cama, um em cada canto da estrutura, ou ter um cristal rosa de tamanho considerável visível assim que entrar no quarto.

Mais importante ainda, arrume seu quarto como se seu parceiro estivesse lá com você. Tenha duas mesinhas de cabeceira e abajures, um de cada lado da cama, e certifique-se de que a cama esteja organizada, como se estivesse abrindo espaço para que seu parceiro vá para a cama com você. Portanto, se tiver muitos travesseiros ou bichos de pelúcia em sua cama, talvez seja melhor colocá-los em outro lugar!

Essas são apenas algumas dicas úteis para atrair um parceiro ou alma gêmea, ou até mesmo para melhorar seu relacionamento atual, amplificando o poder de seus cristais. Não existe uma maneira certa ou errada de fazer magia com cristais, eles estão sempre falando conosco, portanto, se não souber onde colocá-los, reserve um momento para acalmar a mente e respirar profundamente. Em seguida, abra os olhos e coloque o cristal no lugar onde "sentir" que ele quer estar. Observe como cada colocação faz você se sentir ou aumenta a energia do ambiente. Se um cristal não parecer certo ou não se adequar ao cômodo, vá em frente e mude-o de lugar! Talvez a energia desse cristal ressoe em uma frequência diferente para você e o seu significado seja algo totalmente diferente do "convencional". Descubra o que funciona e o que não funciona para você. Confie em sua intuição e em seus instintos acima de tudo.

Cristais Populares para o Feng Shui

Como já deve ter percebido, há uma infinidade de cristais para você escolher. Todo cristal é perfeito, mesmo que esteja familiarizado com cristais ou seja um colecionador novato. Entretanto, para aqueles que gostam de um pouco mais de orientação, queremos tornar sua aventura no Feng Shui o mais fácil possível. Aqui estão algumas das pedras mágicas que estão em alta no mundo do cristal Feng Shui:

Quartzo-transparente: é a pedra mestre da cura, uma gema universal; traz amplificação, foco e alta energia.

Citrino: pedra da riqueza, felicidade, abundância e manifestação.

Ametista: traz intuição, estimulação mental e criatividade; evita insônia e é uma pedra psíquica.

Quartzo-rosa: atrai o amor, a compaixão, a autoconfiança, o contentamento e a paixão.

Fluorita: traz clareza mental, paz, riqueza, proteção; alivia a ansiedade; é a pedra da genialidade.

Celestita: pedra da conexão com anjos; traz calma, paz, desintoxicação, purificação e limpeza.

Quartzo-espiritual: libera preocupações, favorece a intuição, a conexão com o eu superior, a motivação e a cura.

Quartzo-fumê: pedra dos desejos, da proteção, da manifestação; repele a negatividade; boa para aterramento.

Os Cinco Elementos no Mapa Baguá do Feng Shui com Cristais

Os cinco elementos que apresentamos no capítulo 10 também desempenham um papel importante na magia do Feng Shui. Você pode explorar o elemento que está conectado a cada área do mapa para criar um fluxo mais poderoso em seu espaço. Cada elemento tem um lugar em que se sente confortável e em casa no Mapa Baguá, bem como um espaço com o qual não se alinha. Quando você adiciona elementos físicos que correspondem a áreas do mapa, atrai boa sorte.

Nesta seção, compartilhamos a energia que cada elemento traz, as formas que são favoráveis, as cores que representam esse elemento, bem como sugestões de decoração. Ao contrário do Mapa Baguá, essas direções se referem às direções cardeais da sua localização física na Terra, portanto, você pode usar uma bússola. Quando você coloca uma representação elemental em uma ou em todas as suas áreas positivas, isso atrai uma abundância de energia positiva. Existem também áreas negativas, onde a energia elemental será bloqueada.

土

Terra

Energias: estabilidade, cuidado, nutrição, confiança, proteção.

Áreas positivas: Noroeste, Nordeste, Sudoeste, Sudeste.

Áreas negativas: Norte, Sul.

Forma: quadrado.

Cores: marrom, bege, neutra.

Decoração: plantas, cerâmica, pinturas de montanhas, travesseiros bege.

金

Metálico

Energias: calma, tranquilidade, clareza, produtividade, eficiência.

Áreas positivas: Oeste, Noroeste, Norte.

Áreas negativas: Leste, Sudeste, Sudoeste.

Forma: círculo.

Cores: cinza, prata, branco.

Decoração: móveis cinza, espelhos de metal, molduras prateadas, tapetes brancos felpudos.

水

Água

Energias: fluxo, frescor, facilidade, abundância, pureza.

Áreas positivas: Norte, Leste, Sudeste.

Áreas negativas: Noroeste, Oeste, Sudoeste, Sul.

Forma: linhas fluidas.

Cores: azul, preto.

Decoração: espelhos, cachoeiras, fontes de água, cobertores azuis.

木

Madeira

Energias: abundância, crescimento, saúde, fertilidade, prosperidade.

Áreas positivas: Leste, Sudeste, Sul.

Áreas negativas: Norte, Nordeste, Sudoeste.

Forma: retângulo.

Cores: verde, marrom.

Decoração: plantas grandes, fotos de florestas, uma escrivaninha marrom, tapetes verdes.

火

Fogo

Energias: paixão, amor, sucesso, ambição, criatividade.

Áreas positivas: Nordeste, Sul, Sudoeste.

Áreas negativas: Noroeste, Oeste, Sudeste, Leste.

Forma: estrela ou triângulo.

Cores: vermelho, laranja, amarelo, rosa.

Decoração: vasos vermelhos, velas rosa, travesseiros laranja, lâmpadas de sal.

Aqui está um exemplo de como combinar os cinco elementos e seu Mapa Baguá do Feng Shui com Cristais. Digamos que você esteja tentando ampliar sua vida amorosa e outros relacionamentos, que é o canto superior direito do seu espaço, conforme sugerido pelo Mapa Baguá. Você pode então colocar estrelas, triângulos, vasos vermelhos, velas cor-de-rosa, almofadas laranja, lâmpadas de sal, quartzo-rosa, calcita-cobaltoana ou morganita nas áreas Nordeste, Sul ou Sudoeste desse espaço.

Escolher a decoração que você deseja em cada área de sua casa deve ser divertido! Se você não sentir esse tipo de inspiração, tente criar algo para o seu espaço, vá às compras ou peça à sua intuição que guie você.

Ativações de Códigos Sagrados

Os cristais são aliados poderosos que podem acelerar todas as suas manifestações. Devido à sua natureza altamente vibracional, é sempre uma boa ideia colocar cristais em sua casa. Nos momentos em que quiser magnetizar ou atrair algo extraordinário para sua vida, use o Mandamento do Feng Shui com Cristais. Essa ativação ativa a linhagem vibracional da energia armazenada dentro dos cristais.

É uma ferramenta poderosa para amplificar a energia mágica que já está em seus cristais. Volte a esse mandamento com frequência para carregar seus cristais e infundir ainda mais luz em seu espaço.

Mandamento do Feng Shui com Cristais

"Cristais de alta vibração, expressão amorosa e direta do Divino, peço que suas habilidades de ativação, despertar e energização abençoem meu espaço e o ambiente ao meu redor. Com o amor e a luz que irradiam de vocês, peço que essa energia limpe, desobstrua e organize meu espaço para que ele volte à sua ordem vibracional mais elevada. Conectando-me à sua antiga linhagem de sabedoria, conhecimento e tecnologia metafísica, peço que abençoe tudo com boa sorte, boa fortuna e boas bênçãos, além da minha imaginação. Que meu espaço seja harmonizado com a rede energética da Terra e com as energias universais mais elevadas para permitir mais fluxo, paz e facilidade em tudo ao meu redor e à minha vida. Peço que o ambiente da minha casa, do meu escritório e todos os espaços que ocupo se tornem uma bênção viva e respiratória para mim, para o Planeta e para todos aqueles que se conectam a esses locais. Obrigado por suas bênçãos multidimensionais. Peço que meu espaço seja restaurado em sua ordem mais elevada para expressar sua maior expressão de amor por todos. E assim será."

Mantras do Feng Shui com Cristais

As palavras são poderosas. Os pensamentos são poderosos. O que dizemos a nós mesmos muitas vezes tende a se tornar real. Quando praticamos dizer novas palavras e expressar novos sentimentos, a vida nos transmite novas experiências. Como muitos de nós passamos a maior parte do tempo em nossas casas, pode ser fácil cair na rotina de ter pensamentos antigos e vivenciar a mesma coisa repetidamente. O uso de mantras pode ser uma maneira fácil e poderosa de quebrar padrões e criar novas experiências em seu lar ou escritório. Dizer novas palavras em sua casa e sobre ela é como criar novos feitiços para novas experiências. Veja o que acontece quando você diz a si mesmo "Minha casa está limpa, clara e organizada" por trinta dias. Você descobrirá que, ao dizer essas palavras, seu corpo, mente e espírito encontrarão maneiras de tornar isso realidade. Explore alguns dos mantras a seguir e veja a mágica transformadora que ocorre em sua casa.

- Minha casa é um ímã de riqueza e traz as melhores pessoas e as experiências mais incríveis para minha vida.
- Meu lar é meu santuário. Ele é pacífico e calmante.
- Encontro facilmente o lugar perfeito para meus cristais cultivarem riqueza e abundância em minha casa/escritório.
- Meu espaço é um gerador de felicidade. Ele irradia alegria e prosperidade o dia inteiro.
- Organizo as coisas em minha casa de forma a cultivar e criar ainda mais abundância.

Comandos de Ascensão do Feng Shui com Cristais

Mover a matéria física em sua casa é uma das maneiras mais rápidas de criar boa sorte, saúde e riqueza. Muitas vezes, são as menores coisas que têm um impacto profundo em nossa energia e em nosso humor. Você notará as mudanças que acontecem simplesmente por se sentir em paz ao ver um cômodo bagunçado, em vez de experimentar desconforto, desorganização ou pressa. Cada aspecto de sua casa é uma expressão sagrada de sua alma. Trate toda a sua casa como seu templo. Uma área de sua casa toca todo o Universo. Ame-a e trate-a com cuidado e veja os reflexos que aparecem em seu mundo.

Essas instruções de ascensão têm o objetivo de inspirar seu despertar para o seu próprio brilho interior. Sua alma tem um sistema de orientação interna que sabe como criar mais fluxo e boa energia em sua casa e no escritório. Volte a essas sugestões com frequência, pelo menos uma vez a cada três meses. Cada vez que você voltar a essas perguntas, verá que sua alma tem novas respostas.

- Escolha um cômodo ou área que você visita com frequência, como sua mesa, seu altar ou a sala de estar. Remova tudo da área. O que você realmente usa nesse espaço? Se você decorasse essa área com amor e intenção, o que permitiria que voltasse para esse espaço? Se tudo parecesse eficiente e intuitivo ali, onde os objetos seriam colocados? Quais cristais você colocaria em cada lugar?
- Se você já tivesse o nível de riqueza que deseja, como se sentiria nesse espaço? Quais palavras você diria a si mesmo? Quais cristais iluminariam o local?
- Se já tivesse o relacionamento dos seus sonhos, o que teria nesse ambiente? Você deixaria espaço extra em seu armário? Deixaria um lado da garagem limpo e desobstruído? Teria duas toalhas penduradas no banheiro? Pense em todas as áreas da sua casa onde imagina seu parceiro com você. O que seria diferente se ele já estivesse lá? Que pensamentos teria nesse espaço? Quais cristais ajudariam a inspirar esses pensamentos? Onde você colocaria os cristais nesse espaço para inspirar e ativar seus sentidos?
- Fique em sua cozinha ou sala de jantar. Se já tivesse alcançado um corpo mais saudável, o que teria na sua cozinha e na sua geladeira? Quais palavras de incentivo diria a si mesmo na cozinha? Quais cristais iluminariam esse espaço?
- Passe por cada cômodo de sua casa, inclusive os armários e a garagem. Retire tudo da área. (Não tenha pressa ao fazer isso – talvez seja necessário fazer uma área por mês.) Em seguida, traga os itens de volta intencionalmente: traga apenas aquilo que realmente queira em seu espaço e que tenham um fluxo energético positivo. Depois disso, adicione seus cristais favoritos para carregar o espaço. Veja como se sente. Isso muda a maneira como você pensa sobre as coisas enquanto está nessa área?

Mensagem Canalizada pelo Coletivo de Cristais

"A luz dos cristais me desperta e me inspira. Eles me fazem lembrar do meu poder divino e da luz que está sempre disponível para mim. Ao ver e tocar cada cristal, lembro-me de que eles são um portal para o cosmos. Sinto amor em meu coração. Estou em paz e sorridente".

Fale isso e conecte-se à energia cristalina do Universo.

– O Coletivo de Cristais

Conclusão

NOSSOS CORAÇÕES ESTÃO CHEIOS PELA OPORTUNIDADE MÁGICA DE compartilhar nossa magia asiático-americana única com você. É uma grande honra ver essas histórias e joias de sabedoria ganharem vida através da sua leitura. Amamos oferecer este pedacinho do Universo a cada um de vocês, debaixo da Árvore Mandarim.

Esperamos que desenvolva o hábito de trabalhar com as energias, divindades e arquétipos explorados neste livro, estabelecendo uma prática consistente para manifestar a vida dos seus sonhos. Quanto mais se conectar com seus guias e guardiões, mais sincronicidades e milagres poderá experimentar. Fique alerta às novas oportunidades que surgirem e à sorte inesperada. Se sentir um forte impulso para seguir um caminho que pode não parecer lógico no momento, siga-o mesmo assim. Pode ser sua alma guiando em direção ao seu propósito, ativando continuamente sua magia interior.

É nossa maior alegria reviver e compartilhar esses antigos arquétipos da nossa cultura asiática. Sua imaginação e pensamentos ativam ainda mais a presença deles em sua vida. Lembre-se: peça e receberá! Trabalhar com esses arquétipos trará profundas bênçãos e prosperidade de todas as dimensões. No entanto, é importante lembrar que seus guias não são os únicos responsáveis por trazer abundância em amor, saúde, família, carreira, espiritualidade, dinheiro e muito mais – você também desempenha um papel essencial nisso.

Você faz a diferença. Tudo começa com as suas escolhas e com a maneira que decide se apresentar ao mundo. Esperamos que este livro tenha ajudado a descobrir a magia que existe dentro de cada um de nós. Todos têm essa magia e são capazes de usá-la, mas é essencial lembrar que ela está dentro de nós e aprender a explorá-la Trabalhar com magia de qualquer tipo não é um negócio do tipo "minha vida agora é incrível". É um hábito que cada pessoa deve cultivar e desenvolver todos os dias. Se você continuar praticando, o ato de invocar a abundância, logo se tornará uma segunda natureza. A magia é uma habilidade que se desenvolve com o tempo, assim como fazer exercícios, aprender a dirigir ou usar novas tecnologias. Com o tempo, a prática da magia se tornará fácil e você terá resultados cada vez melhores.

Embora este livro tenha se concentrado em Divindades específicas, Animais Guardiões e modalidades da cultura asiática, esperamos que você continue curioso e aprenda sobre outras culturas orientais e tipos de magia também. Esperamos que você venha a honrar e apreciar as Divindades, os Guias e os Guardiões que compartilhamos em *A Árvore Mandarim*, assim como nós o fizemos.

Até mesmo os menores momentos da vida podem ser repletos de muita magia e mistério. As intenções que você estabelece e as decisões que toma são tudo. O Universo sempre cumprirá o que promete. Cabe a você decidir o que deseja receber. Aproxime-se do Universo com abertura, confiança e uma pitada de rendição. Permita que o Universo demonstre seu amor por você e lhe dê uma chuva inimaginável de prosperidade, saúde, amor, alegria e absolutamente tudo o que deseja!

Vendo você como é – um ser mágico e maravilhoso –, desejamos o melhor em sua jornada mágica.

XO,
Samantha + Pamela

P. S.: se quiser compartilhar suas aventuras e manifestações mágicas conosco, siga-nos e marque-nos no Instagram: @ samanthaloveblossom e @pamelaunicorn. Use também a hashtag #themandarintree para que possamos ver toda a sua magia e torcer por você!

Agradecimentos

Profunda gratidão às nossas editoras, Elysia Gallo e Nicole Borneman, e à equipe da Llewellyn pela orientação na criação da visão do nosso livro. Foi uma jornada e tanto!

Agradecemos o apoio de praticantes mágicos asiático-americanos a este livro; eles também nos deram feedback e edições incríveis.

E um enorme agradecimento a Benebell Wen pelo belo prefácio.

Por fim, este livro é para todos que já se sentiram diferentes e fora do lugar. Ser único é o que nos faz sobressair e brilhar.

– Pamela

Uma gratidão incrível às almas maravilhosas que pediram que essas palavras surgissem por nosso intermédio.

Obrigada a todos os nossos ancestrais por passarem essas joias míticas e transmissões de energia para todos nós.

Aos belos leitores, que isso acenda um tipo de fogo em sua alma e que traga milagres e magia do Outromundo para o seu universo.

À minha mãe e à minha avó, por sua ferocidade em me trazer ao mundo.

A todas as almas que me ampararam e elevaram, à Pamela e a toda a equipe da Llewellyn. Um profundo amor por todas as inúmeras almas que nos elevaram para criar o momento milagroso da presença deste livro no mundo. Vocês são amados.

– Samantha

Bibliografia

Beijing Foreign Language Press. *Chinese Auspicious Culture*. Singapore: Asiapac Books, 2012.

Cultural-china.com. "Chinese Phoenix–Auspicious Bird Rising from Ashes." China Daily.

Cushman, Lily. *A Little Bit of Mantras: An Introduction to Sacred Sounds*. New York: Sterling Ethos, 2019. Kindle.

Hayes, Newton. *The Chinese Dragon (China History)*. 3rd ed. Hong Kong: Earnshaw Books, 2019.

Koo, Chaweon. *Spell Bound: A New Witch's Guide to Crafting the Future*. New York: Smith Street Books, 2022.

Morris, Tisha. *Decorating with the Five Elements of Feng Shui*. Woodbury, MN: Llewellyn Publications, 2017.

Reed, Theresa. *Twist Your Fate: Manifest Success with Astrology and Tarot*. Newburyport, MA: Weiser Books, 2022.

Shi, David. *Spirit Voices: The Mysteries and Magic of North Asian Shamanism*. Newburyport, MA: Weiser Books, 2023. Kindle.

Wen, Benebell. *The Tao of Craft: Fu Talismans and Casting Sigils in the Eastern Esoteric Tradition*. Berkeley, CA: North Atlantic Books, 2016.